片山エリコ流

美しく強運で幸せな生き方

片山エリコ

きれい・ねっと

はじめに

みなさま、ごきげんよう。
片山エリコと申します。

この本を手に取ってくださってありがとうございます。
あなたとお逢いできたことが、嬉しくて嬉しくてなりません。

さて、お逢いして早々なのですが、ちょっとしたご質問をさせてください。
難しく考えず、格好もつけないで、無邪気な子供に戻ったようなお気持ちでお答えくださいね。

あなたは幸せになりたいですか？
お金持ちになって、成功したいとお考えでしょうか？

「はい」とお答えくださいましたか？
もしそうでしたら、ぜひご一緒いたしましょう。

幸せになるのは簡単です。
成功するのも簡単です。
ほんの少し考え方を変えるだけで、すべてがうまくいきます。

高い学歴や地位、立派な肩書なんて必要ありません。
そんなものは何一つ持たなくても、今まさに成功し続けている私が言うのですから間違いありません。

この本を読み進めていくだけで、あなたはどんどん幸せ体質になっていきます。
運気がグングン上昇して、いとも簡単に成功してしまいます。
この本には、そんな不思議な力があります。
イヤでも幸せになってしまう「おまじない」が隠されているのです。
この「おまじない」にはものすごい効果があります。
だから、幸せや成功にご興味がない方は、ご注意くださいませね。
急にそんなことを言われても、信じられませんか？
そのお気持ちもよくわかるのだけれど、これは本当のことなのです。
実はこの本に出逢ったあなたは、もうすでに運気が上がり始めています。

さあ、迷っていては始まりません。
半信半疑でも大丈夫。

思いきって一歩を踏み出し、ご一緒に幸せいっぱい楽しんでまいりましょう。

CONTENTS

Lesson 4

成功するのは簡単です！

Lesson 5

Lesson 1

あなたは幸せになれます

1

「ありがとう」は魔法の言葉

最初に、告白したいことがあります。

驚かれるかもしれませんが、実は私は根っからのなまけ者です。

読書が大好きなので、許されるならば心地よいソファにゆったり座って、一日中お気に入りの本を読んでいたいと思っています。

とびきり美味しいお紅茶とお菓子があれば、なお素敵ですね。

でも、毎日がんばってお仕事をしています。

休みなく全国各地を飛び回る生活をしています。

そして、大成功しています。

なぜ、がんばれるのか？
それは、誰かのお役に立てるからです。
「ありがとう」という言葉に力をいただけるからです。

「ありがとう」は魔法の言葉です。

「ありがとう」と言っていただけたら本当に嬉しいから、人にも「ありがとう」をたくさん言うようにしています。
家族にも、仲間にも、コンビニでも、スーパーでも、駅員さんにも、そしてもちろん、あなたにも！

ありがとう、ありがとう、ありがとう。
本当にありがとうございます。

「ありがとう」は笑顔で言うのがポイントです。
「ありがとう」を笑顔で言うと、どんどん運気が上がります。

家族に「ありがとう」を笑顔で！
家族の運気が上がっていきます。

次に職場で「ありがとう」を笑顔で！
あなたのところに素敵な人が寄ってきます。
あなたはどんどん信頼を得ていきます。

スーパーでも、本屋さんでも、カフェでも「ありがとう」を笑顔で！
不思議なことですが、あなたはどんどん愛されるようになっていきます。

お相手がどんな顔でもどんな態度でも、気にすることなく「ありがとう」を笑顔で！

あなたは幸せになります。
もっともっと幸せになります。

今日から今から、ぜひお試しあれ！

2

自信って必要ですか？

「エリコさんの自信の源はなんですか？」とよく質問されます。
「何かを決める時、迷ったり、不安になることはないのでしょうか？」と。

私は何かを決める時に迷うことがありません。
だからみなさまは、「エリコさんはよほど自分に自信があるに違いない！」と思われるのでしょうね。

またまた告白します。
実は、私は自分に自信がありません。

多くの人が、自分に自信を持つことは大切なことだと思っていらっしゃいます。

昔は私も、自分に自信が持てたらどんなにいいだろうと思っていました。自信を持つことができれば、生きるのがたやすくなると信じていたのです。

でも、それは勘違いでした。

実際には、自信を持とうとすればするほど、かえって生きるのが難しくなってしまうのです。

たしかに、自信を持てるのはすばらしいことなのですが、そう簡単に持てるものではありません。自信がつくのを待っていたら、あっという間に時間ばかりが過ぎてしまいます。

それに、急いで自信をつけようとするあまり、インチキな自己啓発セミナーに何百万円も支払ったり、「あなたはすばらしい」と言ってくれる口先だけの詐欺師のような人について行ってしまったり……。

自分に自信を持とうとすると、人生に差し障りが生じてしまうのです。


自分に自信なんて持たなくても、人生には何の差し障りもありません。

大切なのは自信があることではなく、自信があってもなくても「気にしない」ことなのです。


私は自分に自信なんてぜんぜんないです。

でも、それで差し障ることもぜんぜんないです。


自信があろうがなかろうが、どちらでもよいのです。

自信があろうがなかろうが、やることに変わりはないからです。

自信はふわふわと現れたかと思うと、すうっとはかなく消える厄介なものです。

自信というのは、本来「自分自身を信じること」のはずなのに、他人の評価に左右されがちだからです。

しかも、人はなかなか良い評価はくれないものです。なぜなら、自分自身の評価に汲々としている人がほとんどで、人に良い評価を与えようという余裕のある人はごく少ないからです。

だから、人の評価も気にしないほうがいいですね。

自信がなくても気にしない。

人の評価も気にしない。

そうすれば、とっても気楽に生きられますよ。

自信があってもなくても、あなたは魅力的で素敵な方です。
あなたの笑顔はとてもチャーミング、みんなに元気を与えます。

もしもあなたことを「駄目だ」と言う人がいても、たとえそれが家族であっても、気にする必要はまったくありません。

生まれてきてくれただけで、すばらしいのです。
誰がなんと言おうが、あなたはあなたのままでいいのです。

あなたの未来は輝いています。

私は母親に子供のころから「あなたは駄目な子だ」と言われ続けて育ってきました。大人になった今でも、「本当にあなたは何の取り柄もないわね」なんて言われるのですから困ったものです。

とはいえ、特に気にしていません。
誰に何を言われようが、へっちゃらです。
だって、駄目な人なんて、どこにもいないのですから。

私は反対に、人に良い評価を与える側に回れたらいいなあと考えています。
みんなを元気にできるように、みんなを褒めて歩いています。

褒められたい方は、ぜひ私に一言声かけてくださいね。
私はみんなの隠れた力や魅力を引き出す天才なのです。

3

いい子いい子大作戦

人からの評価なんて気にすることはありませんし、自信なんてどうでもいいですから、とりあえず、ありのままの自分を好きになることから始めませんか？

生きていれば、自分の力ではどうしようもないような問題も起きます。逃れられないような、辛くてたまらない思いに駆られる時もあります。困った隣人、困った上司、困った教師……、最悪なのは困った親でしょうね。本当に、どうしようもありませんね（苦笑）。

でも、まずは自分を好きになる。対処を考えるのは、それからだっていいじゃないですか。

「自分を好きになんかなれないです」。

どこからかそんなお声が聞こえてきました。

もしかして、あなたがおっしゃいましたか？


そうですね。

好きになったと思っても、次の瞬間には嫌いになってしまったり。

考えてみれば私もそうです。

顔なんて嫌いな部分だらけです。

まずは目、次に鼻、それに、あごも……。

いくらでも出てきて、笑っちゃいますね。
でも、だからといって困ることがあるかというと、何もないのです。

それにね。
好きになるのは難しくても、好きになるフリなら簡単です。
私はいつも自分で自分の頭をなでなでします。
「エリコはいい子いい子」「エリコ大好き」と自分で頭なでなでして褒めるのです。

これは効きますよ。
とにかく効きます。

物事がうまくいくようになります。

「潜在意識」というものをご存じですか？

心の奥底にあって、本人も気づかない秘められた意識のことなのですが、実はこの潜在意識は自分の意識のうちの95％以上を占めていて、どんなに不可能に思えることも可能にしてしまうとんでもない力を持っているのです。

潜在意識はとても素直で、疑うことを知りません。

だから、「好き」とつぶやいて頭をなでると、簡単に騙されてしまいます。「好き好き」と繰り返し言われることで、どんどん働き始めます。

「いい子いい子、好き好き大好き」、そして頭をなでなでしてあげる。

名付けて「いい子いい子大作戦」、これは効きます。

ぜひ、お試しあれ！

4

幸せになるためのプロセス

当たり前のことですが、私は一日一日を大切に過ごすようにしています。
せっかくの人生、無為な日々を送るのはもったいないですよね。

とはいえ、毎日良いことばかりが起こるわけではありません。
生きていれば辛いことも悲しいこともあります。
でもそれらはすべて、幸せになるためのプロセスです。

だから、何があろうとふさぎ込んだり不機嫌になったり、まわりを不愉快にしないようにしています。
どんな気分の時でも、まわりの人が幸せな気分になるように心がけています。

中でも特に気を付けているのは、「怒り」が湧いてきたとき。

あなたは、怒りが湧いてくることってありますか？

「イラッ」としたり「ムッ」としたり……、けっこうありますよね。

もちろん私もあります（笑）。


そんな時には、急いで「すべては幸せになるためのプロセス」とつぶやいて回避します。


怒りはいけません。

怒りに支配されてしまうと、必ずすべて失敗します。

なんだか黒い感情がムクムクと湧き上がってくるのに気づいたら、あなたもすぐに「すべては幸せになるためのプロセス」と唱えてみてくださいね。

良いことも嫌なことも、起こることはすべて「幸せになるためのプロセス」です。どんな問題であっても、あなたが幸せになるために必要なプロセスですから、そこで止まってしまってはいけません。

人は何か問題が起こると、立ち止まって「どうしてこんな事になったのか？」「誰のせいなのか？」と原因を追求しがちです。

「なぜ問題が起きたのか」ということにとらわれてしまいます。

するとたちまち不安に取り憑かれて、「どうしよう！　このままだと大変なことになるかもしれない」などと悲観的な予測をはじめてしまうのです。

自分では対策を考えているつもりかもしれませんが、それは妄想に取り憑かれているだけ。

そして、その妄想によって考え出されたことは、例外なくすべて、悪くなる方法でしかありません。

そういう時は、不安について一切考えない。
とらわれてはいけません。

まずはゆっくりと深呼吸しましょう。
新鮮な空気を鼻からゆっくりと吸い込み、口からゆっくり吐き出します。
体内に巣くった黒い不安を吐き出していくイメージをしましょう。

すこし落ち着いてきたら、前に進みます。
あてもなく進むなんて……と思うでしょう？
でもそれは違います。
あなたは幸せに向かって歩いているのです。

生きているかぎり、人は進んでいくしかありません。
でも逆に言えば、進んでいけばいいだけなのです。前を向いて進んでさえいれば、理由なんて関係なく運気は必ず上向いていきます。

すべては幸せになるためのプロセスです。

このことが分かっていると、問題が起きてもオロオロしなくなります。
そしてオロオロしなくなると、やがて問題自体が起きなくなっていきます。

そうすれば、あなたも大丈夫。
どんな状況も必ず好転していきます。

5

悲しい時は待ってごらん

前に進もうとしても進めない、そう感じてしまうこともありますね。

辛いことや悲しいことが起こった時……。

たとえば、どんなかたちであれ、大切な人とのお別れはとても辛いものです。

深い悲しみや辛さは、どんよりと暗いものです。

その深いべったりとした闇に包まれると、このまま永遠に続いてしまうように思えてしまいます。

嫌でたまらないのに、忘れたいのに……。

そのことばかりをずっと考えて、余計に悲しくなります。
悲しみは、気にすればするほど、増幅してくるのです。

でも、あなたは大丈夫。
どんな辛い悲しみも、癒えないものはありません。
そして、どんな辛い悲しみも、明日のあなたの糧になります。

今はとても、そんなふうには思えないかもしれませんね。
そんな時は、どうぞ待ってみてください。

耐えがたいほど辛く悲しい時、私は「待ってごらん。エリコ待ってごらん」と、
自分に優しく言い聞かせます。
涙が流れたら「エリコはいい子いい子」と、自分で頭をなでてあげます。

そして、進みます。

すべては幸せになるためのプロセスなのです。
必ず幸せになります。
もっともっと幸せになります。

私たちは幸せになると約束されてこの世に生まれてきました。
何があろうが必ず幸せになります。
これは宇宙の真理です。

進んでいくうちに、あなたもきっと気づくはずです。
幸せは、今もいつもずっと、あなたのそばに寄り添っているということに。

6

「自分らしさ」に縛られないで

「私は人見知りだから」「私は明るいから」……なんていう具合に、「自分らしさ」を勝手に決めていませんか？

「自分らしさ」に縛られていると、自然な行動がとりにくくなります。
「自分らしさ」を崩すことができなくて、イメージが固定され、制約が生じるのです。

実は私は、自分の「自分らしさ」がどんなふうなのか分かりません。
だから、自然のままに行動しています。
毎日とても幸せで、人生はとてもうまくいっています。

人は案外、「自分らしさ」をきちんと把握できていないものです。
自分のイメージを、自分の思い込みによってつくり上げている人が多いのです。そんな「自分らしさ」を無理に出そうとすると、むしろ本当の自分らしさを失ってしまいます。

自分のイメージと人から見えている本当のイメージとは、往々にして食い違います。
本当は活発なのに自分ではおとなしいと思っていたり、本当は優しい人なのに自分では冷たいところがあると思っていたり……、痛々しいほど食い違っている場合もありますね。

どうしてそんなことが起こってしまうのかというと、そのイメージのほとんどが、自分ではなく、お父さんやお母さんといった身近な人たちからかけられてきた言葉からつくられているからです。

そしてそれらは、ほとんど間違った思い込みや勘違いからきています。

しかも困ったことに、人はどうしてもその間違ったイメージに引っぱられて、その通りに振る舞おうとするので、どんどんちぐはぐな生き方になっていってしまうのです。


周りの思い込みによってつくられた「自分らしさ」のせいで、あなたに備わっている本当の魅力が隠れてしまっているかもしれません。


もしかすると、あなたは「私には魅力なんて何にもない」と思い込んでいませんか?

それは大きな間違いです。

今は気づいていないかもしれないけれど、魅力のない人なんて一人もいないのですから。

まずは、自分でつくった「自分らしさ」に縛られるのを止めてくださいね。
そして新たな気持ちで、ありのままの自分を見てみましょう。
素直な気持ちでまっすぐに見ると、正しい自分がわかります。
スムーズな生き方ができるようになります。

「自分らしさ」なんて気にせずに、自然に生きていけば、隠れていたあなたの
本当の魅力がどんどんあふれてきて、キラキラ輝き始めます。

7

悪口を言い歩く人に出会ったら

あなたは悪口を言われたことはありますか？

ある時こんな質問をいただきました。
「会社の同僚が私の悪口を言いふらしていると知り、腹が立ってなりません。
そんな時、エリコさんならどうされますか？」

それはお辛いですね。
お怒りになるお気持ちもわかります。

でも、そういったことを耳にしたら要注意です。

決して、応戦しようとしてはいけません。

悪口を言い歩いている人の力は弱いですから、害はありません。

むしろ、厄払い役、あるいは魔除けの人形と認識して、心の中で片手拝みをしながら「厄払いしてくれてありがとう」とつぶやけばよいのです。


そして、怒りをグッとこらえて、逆の立場になって考えてみましょう。

ついつい愚痴を言ってしまったり、それが行き過ぎて陰口になってしまったり……。自分が幸せな時は、悪口をわざわざ言いに行くことなんてしませんから、その方は今、不幸せなのでしょう。


人は誰かに自分を知ってもらうことで、安心感を得ようとします。

その方は悪口を言っている意識はないのです。悪気はないのです。

相談しているだけと思っているのかもしれません。でも、結果的には悪口になってしまっているようですね。

相談相手が優しい方なら「うんうん」とうなずいて聞いてくれるかもしれませんが、信用はしないものです。

悪口を言って歩くということは、自分で自分の信用を破壊してまわっているのです。一時的な満足感は得られますが、結果的に運気は下降線をたどってしまいます。

気の毒な人ですね。

気の毒な人なのです。

それ以上でもそれ以下でもありません。

感情的になっていますから、きちんとした話し合いもできませんが、だからといってあなたに災いすることは決してありません。

でも、その方のことをずっと気にしていたら、あなたの運気も引きずられて下降しはじめてしまいますよ。

引きずられて悪口を言ってしまおうものなら、あなたが魔除けの人形になってしまいます。腹が立つのもよく分かりますが、とにかく放っておくにかぎります。

そして、これがとても大切なところだから、よくよく覚えておいてほしいのです。

人の気持ちは変わるものです。

いつかその方も気がつく時がくるかもしれません。

その時にはどうぞ快く、受け入れて差し上げてくださいね。

8

人にドンドン好かれる極意

自分のことを理解してもらえたらうれしいですね。

でも「私を理解して」を前提とすると、逆効果になりがちです。

「私のことをどう思っているのかなあ」と人の目が気になって、わかってもらおうとしゃべり過ぎたり、ついつい変わった行動をとったりしてしまうのです。

人はどうしても、誰かに認めてもらいたい生き物です。

人は人を気にかけるより、自分の評価が気になるものです。

自分がどのように人の目に映るかが、気になるものなのです。

みんながみんな自分を認めてもらいたいと思っているのだから、認めてあげる側は当然あまり多くはありません。

だったら、認めてあげる側になりませんか？
その方がたくさんの人を幸せにできますね。

自分を知ってもらうことは止めて、相手を知ろうとするのです。
この時オススメなのは、目の前の方を「好き」と決めてしまうこと。
決めるだけで、お相手にお伝えする必要はありません。

「好き」と決めてしまうと、どんなところも認めることができるし、余計なことを考えなくていいので、お付き合いが楽になります。
そうすると、ドンドン人から好かれて、不思議となんでもうまくいくようになり、いとも簡単に成功してしまうのです。

「キライ」と思ってしまうと、たとえ感情を隠してニコニコしていても、不思議とうまくいかないものです。

ですから、会った人は「好き」と決めること。

極力「キライ」な人はつくらないでくださいね。

9 人間関係がスムーズにいく方法

人間関係はむずかしいとお考えになる方が、とても多いようです。

そして、そうなるとやりがちなのが自己アピールです。

自分のことを知ってもらえばうまくいくと勘違いして、長々と語ってしまうのですが、当然お相手にはウンザリされてしまいますよね。

あなたもウンザリしたことがありませんか？

実はたいていがお互いさまなのですね。

あるいは、やたらとお相手をほめる人もいます。

お相手にやたらと「好き」を連発する人もいます。

でも考えてもみてください。

わざわざ何度も言わなくても、どなたも良い人です。

本意は自分は良い人間だということを伝えたいだけなのでしょうが、とにかくまわりを辟易《へきえき》とさせてしまいます。

笑いを取ろうとして、人の弱点を指摘するようなツッコミをされる方もいますね。

たいていの人はまわりを笑わせようと、良かれと思ってやるのですが、笑いは取れても（実は取れていないことの方が多いのですが）、要注意人物とされてしまいがちです。

関西ご出身のみなさまなどの中には、お相手を思いやりながら、芸人さん顔負けの絶妙なツッコミをなさる方もいらっしゃいますが（笑）、それはごくごく稀なケースです。ツッコミは相当の能力を必要とするのです。

人とのお付き合いにおいて、とても大切なのは「距離感」です。

距離感を持つことは一見冷たいように思えますが、そんなことはありません。逆に、出会ってすぐに親しくなろうと近づき過ぎたり、すぐに甘えてしまったりするのは、お相手の心に、ドカドカと土足で踏み込むようなものです。

好きな人に接するとき、人は夢中になって無意識に近寄りすぎてしまいます。けれど、近寄りすぎると人は無意識に離れようとします。圧迫感を覚えて、潜在意識下で警戒されてしまいます。そして、一度警戒されてしまうと解除がなかなかできません。

だから最初だけ、一歩離れて接してください。

まずははやる気持ちを抑えて、距離感を持って接してください。

具体的にどうすればいいのかというと、とても簡単です。

しゃべらずににっこりと微笑んで、余計な話はせず、相手のお話をうなずきながら聞くのです。

これこそが、すぐれたコミュニケーション能力です。

実は、おしゃべりは不利です。

おしゃべりはフレンドリーな行為ですが、むやみにしゃべるとかえって警戒されてしまいます。

会話の途中で、「そうじゃなくて」「でも」などと言って相手のお話をさえぎらないように。
まずは目の前の方を受けとめて、なるべくお話を聞くようになさってくださいね。

これだけで、誰とでも気持ちが通じ合い、誰とでも仲良くできます。
誰にでもどこでも、受け入れていただけるようになります。
あなたの静かで温かな微笑みは、まわりの人たちを魅了します。
あなたの周りに、自然に人が集まってくるようになります。

話したいことや伝えたいことがあれば、それからしゃべりはじめればよいのです。
すると、不思議なくらい人間関係がスムーズにいきます。

10

自由でステキな時代

結婚したいのに結婚できないという方がいらっしゃいますね。

人柄も良くキャリアもあるステキな方でも、そんなことをおっしゃいます。

様々な短所のせいだとか、逆にキャリアがあって近づきにくいだとか、いろいろな思い込みを持っている人が多いようですが、すべて違います。


そんなことは関係ありません。


異性や結婚を意識し過ぎているからです。

意識し過ぎて過剰になって、異性を前にすると相手にどう思われるかにとらわれて、ギクシャクしてしまうのだと思います。

もし、あなたに好きな人がいらしたら、「あなたを幸せにしてあげたい」と心から願ってくださいね。

「あなたを幸せにしてあげたい」と願うと、「あなたを幸せにしてあげたい」と願っている人にめぐりあえます。

私は結婚しています。

とても幸せです。

でも、結婚しようと思ってお相手を探したわけではありません。いつも必ず「あなたを幸せにしてあげたい」と願っていたら、思いもよらず優しいパートナーが現れて、結婚することができました。

今は好きな人がいないというあなたは、とりあえず、結婚について考えるのはいったん止めましょう。

あなたは魅力的なクラスの高い方です。
そんな方が無理に結婚する必要はないのです。
焦らずとも、必ずステキなお相手が現れます。

それに無理して結婚するよりも、一人の方がよっぽど楽しいです。

一人でいるリスクは、ひとりぼっちを妙に意識して、寂しいような気分になることくらいでしょうか。
でも、パートナーがいたって孤独な場合もあります。その場合の孤独は、心の傷となってしまいますね。

今は一人海外旅行や一人カラオケや一人鍋料理、なんでも一人でできるし、なんでも一人が人気です。

結婚を選択しない自由な日本人も増えました。
離婚も「バツ」ではなくなりましたね。

憂う人もいますが、私は良いことだと思います。

しがらみから無理やり結婚したり、一人だとカッコ悪いからと好きでもないのに付き合ったり……。
そういう時代はもう終わり。
いつ結婚しても、いくつになって恋しても良い時代になったのです。

一人がカッコいい時代、なんとも自由でステキですね。

11 あなたは小さな子供

あなたは子供です。

まだまだ、子供です。
満たされない思いを心に抱えた小さな子供。
自信がなくて、不安でいっぱいの小さな子供。

なかなか褒められなくて、怒られてばかりで、自分に自信が持てなくて揺れ動いている子供。

子供のままでいる原因は、ご両親、兄弟姉妹、あるいはあなたのパートナーの場合があります。
親は常に不安ばかりで、その不安を平気で子供にぶつけてきます。
兄弟姉妹はお互いの弱みを知っているので、時にはそこを攻撃してきます。
パートナーもそうですね。

まさに「家族」という病です。
家族だからという甘えもあって、余計に感情がむきだしになりやすいのです。

親子関係、兄弟関係、そして夫婦関係。
家族という縛りに苦しむのです。

家族だからと言って、いちいち受け止める必要はありません。
気にすることなく、適当に聞き流してしまいましょう。

根本は、あなたが好きだから言い過ぎているだけですから。

家族に合わせよう、みんなに合わせようとして、知らず知らずに良い子になっていませんか？
だれに対しても良い人でいようと、無理をしていませんか？

そこまでしなくていいのです。
適当でいい、適当に流していいのです。

適当に流しても、あなたは良い子です。
とても優しくて、愛情深くて、すばらしい方です。
みんなあなたが大好きです。

もしも適当に流すことが難しくて、家族の振る舞いに翻弄されてしまうようなら、しばらくの間なるべく会わないようにしてもまったくかまいません。

たとえ家族であっても、価値観を押しつけたり押しつけられたりすることは、あってはならないことです。

思いきって、新しい価値観にチェンジしてしまいましょう。

あなたはパーフェクトです。

誰がなんと言おうとパーフェクトです。

幸せな人生を送っていける人、大丈夫な人です。

不安があったっていいのです。

おびえる必要はまったくありません。

決して、悪くはなりません。

幸せになる一方です。
幸せになっていいのです。

これを、あなたの新しい価値観にしてくださいね。

さあ、もう大丈夫です。
これであなたも、子供脱出です！

12

子供たちに求める前に

子供の頃、私は月曜日が大嫌いでした。

学校に行くのが嫌でたまらなかったのです。

退屈な授業のために、どうして何時間も閉じ込められなければならないのだろうと、本気で思い悩んでいました。


あなたはどうだったかしら？


でも、今思えば、あの学校生活のおかげで忍耐力を養うことができました。

社会の一員としてなんとかなっているのは、あの頃のおかげですね。

大人になった私たちは、その頃のことを忘れてしまいがちだけれど、学校にきちんと通っているだけで、子供たちはとても立派なのです。

「行きたくない」という子供たちは、自分のことをきちんと表現できるのだから、それもまた立派です。


ただ、実際のところ、子供たちはすぐに泣きわめくし、言うことはたいてい聞かないし、憎まれ口ばかりだし、わがままだったりもします。

珍しく言うことをよく聞くと思ったら、何かおねだりしたいものがあるだけ、ということもしばしば。

ほとんどの子供たちはそんな感じ。大人しくて聞き分けのいい子なんて、存在しないのではないでしょうか。


彼らはどうせ言うことなんて聞かないのです。

それなら、ムキになって叱っても仕方ないですよね。

むしろ、良いところを見つけて褒めることができたら……、いいえ、良いところなんて見つけられなくてもいいのです。

「良い子じゃなくても、あなたが大好きだよ」と伝えさえすれば、子供たちは自分を否定せずに済みます。

落ち着いて成長していくことができます。

子供の力の源は、お父さんやお母さんがその子を信じてあげることです。

失敗したっていいのです。

失敗すればするほど、身に付くことが多いものです。

人生に「大丈夫」な時などないし、「大丈夫」じゃなくていいのです。

愛情があるからこそ心配になるものですが、そこをグッとこらえて、なにがあっ

ても「大丈夫だよ」と大きくゆったりと接してあげられたら、子供は安心する
ことができますね。

子供の運命は、親の運命を超えていくものです。

大切な子供たちを信頼しましょう。
そしてまずは、お子さまへの本当の気持ちを、ストレートに伝えてあげてくだ
さいね。

ありのままのあなたが好きだよ。
存在そのものを愛しているよ。

子供たちに求める前に、まずはお母さまから素直になってくださいね。

そうそう、言うまでもないことですが、私もありのままのあなたが大好きです。

13

子離れのススメ

子供のことが気になって仕方ない。
子供の行動を把握しようとしてしまう。
子供から目が離せず、すぐに意見してしまう……。

親というのは、ついつい子供を縛ってしまうものです。

愛する気持ちが発端ですから、子供のほうも受け入れてしまいます。
でもそうなると、子供はいつも親の目を気にするようになってしまいます。
反発することがあっても、結局は親の意に沿うように行動してしまうのです。

子供の心は、いつまでたっても自立できません。

自分でなにも決められなくなってしまいます。


さらに、親は子供を守る立場にある保護者だというのに、時にその立場を忘れてしまうことがあります。

中には、自分の不安や苛立ちを、子供にぶつけてしまう親もいるのです。


子供を育てるのは大変です。

思うようにはいきません。


でも、忘れてはならないのは「親しき中にも礼儀あり」です。

もしも相手が我が子でなければ、いきなり誹謗するようなひどい言葉を投げかけたりはしないでしょう。

そしてそうだとすれば、それは愛情ではなく甘えです。

困ったことに、自分が叶えられなかった夢を、子供に託してしまうということもあります。
自分で取り組むのは大変ですが、託してしまうのは簡単です。

でも、託された子供は迷惑です。
子供は親の気持ちになんとか応えようとします。でも、親と子供は別の人間ですから、自分の夢を子供に押しつければ、必ず無理が生じます。

夢はいつだって叶いますから、子供に甘えるのはやめにしませんか？
自分の夢は自分で努力して、自分で耐えて、自分で叶えましょう。

もしかすると、あなたはこれらのことをあなたのご両親からされてきたかもしれませんね。

抑圧されたり、ひどい言葉をかけられ続けたり、親の夢を押しつけられたり……。

私もひどい扱いを受けて育ちました。
それも一度や二度ではなく、日常的に。
けれど、ひどい扱いはすべて厄払いだったと認識しています。
おかげで私は、たぐい稀なる強運です。

あなたがひどい仕打ちを受けてきたとしたら、それは間違いなく厄払いです。
けれど、あなたは決してそんなことはしないでくださいね。

子供はあなたの所有物ではありません。
子離れすることは、子育ての最後のプロセス、お母さんの大切な役割なのです。
お母さんが子離れすると、親子はいつまでも仲良くすることができます。

もう遅い……、なんていうことはまったくありません。

思っているよりずっと簡単なことですから、いますぐに子離れを実行して、ずっと仲良しの素敵な親子でいてくださいね。

14

人魚姫ちゃんの声

友人のお子さまのお話です。

友人はとても若々しくて、可愛いお母さんです。

双子のお嬢さんのうちのお一人が、まだ小さな頃に難しい病におかされてしまいました。そして、命を取るか声帯を取るかの決断を迫られ、当然ですが命を取った結果、声を失ってしまったのです。

人間の姿になるために美しい声を失ってしまった、人魚姫のようです。

でも、大人たちの心配をよそに人魚姫ちゃんはすくすく育っていきました。喋れなくても元気いっぱい、いつも人気者です。
小学校に入ってからも、何にでもトライさせてくれる良い先生方に恵まれて、今は修学旅行を楽しみにしているそうです。

人魚姫ちゃんが聡明であることはもちろんですが、娘を信じて見守り続ける友人の母としての深い愛と献身が、人魚姫ちゃんの健やかな成長を支えていることは間違いありません。

ただ、そんな友人が母として一つだけ、残念に思っていたことがありました。
それは、人魚姫ちゃんと普通に会話ができないということ。
「一度でいいから、彼女と普通に会話をしてみたかった」と、いつも明るい友人がさみしそうに言うのです。

ところが、素敵な友人への神さまからのご褒美に違いありません。

最近になってその願いが叶いました！

パソコンを上手に使うことで、人魚姫ちゃんと会話ができるようになったのです。

友人は、「エリコさん、娘に初めて「どいて」と言われました！」と話してくれました。

普通なら不機嫌になってしまうような言葉なのに、嬉しくて嬉しくて、今にも泣きだしそうな彼女のお顔が忘れられません。

彼女はすばらしいお母さんです。

そして、人魚姫ちゃんは神さまから預かった大切な宝物。

でも、それは彼女たちだけでは決してありません。

あなたも、あなたのお子さんも、みんな神の子、宝の子です。

ただ、大人になってすっかり忘れてしまっているだけなのです。
どうぞ思い出してくださいね。
あなたも神の子、宝の子であることを……。

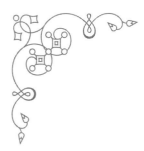

Lesson 2

今日からはじめる強運生活

15

私たちは奇跡の子

あなたはご存じですか？
卵子の中に入れる精子は5億個の中のたったひとつ。
命とは、尊い奇跡です。

私たちは5億の頂《いただき》にあり、頂にあるから命をいただけた奇跡の子。
幸せになるために生まれてきた奇跡の子です。

その間違いのない運命を、信じてくださいね。
信じると奇跡が起きます。
信じられないと不安に巣くわれてしまいます。

あなたが自分を信じて、この類まれなる強運を忘れなければ、すべてはうまくいきます。
なにしろ5億個の頂に私たちはあるのですから。

最強の運命を持った者として、この世に生を受けたという事実。
どんな時も決して、忘れないようにしてくださいね。

せっかくいただいた尊い命、なんとなく生きていくのは申し訳ないです。
人生はほんの一刹那です。
悩んでため息ばかりではもったいないです。

とにかく懸命に生きてみませんか？
評価や名声なんて気にせずに、真っ直ぐに生きていくのです。

懸命に生きている人には、とんでもなく大きな強運がやってきます。
だんだんとすべてが思い通りになっていきます。

とはいえ、難しいことは何もありません。
くさらず愚痴らず、とにかく笑顔でご挨拶。
たったそれだけでいいのです。

どんなに厳しい状況でも、絶対に大丈夫。
私たちは、幸せになるように運命づけられて生を受けた奇跡の子です。

あなたは本当にすごい方です。
どんどん幸せに向かっています。

16 笑顔の力

神様が人間だけにくださった宝物、分かりますか？

それは「笑顔」です。

笑える生物は人間だけです。
笑顔は強いパワーを秘めています。
悪しきモノは笑顔の前にひれ伏します。

「笑う門には福来たる」と言いますが、本当です。
ニコニコしているだけで気分が良くなりますし、実際にいいことがいっぱいやってきます。

笑顔の力を信じましょう。
福がぐんぐんやってきます。

なんとも簡単ですよね。

どんなにイヤな気分の時でも、優しく微笑んで毅然とされていてください。
それだけで、あなたは守られます。

電車の中や歩いている時にも微笑みを意識してください。
運気は笑顔をめがけてやってきます。
しかも、運気は笑顔に住み着きます。

いつも、気持ちが滅入ってしまうという方は、最初のうちは作り笑いでも大丈夫です。

あなたの笑顔はふんわり品がよくてしかも抜群に可愛いのです。

笑顔から幸せがふわふわと立ちのぼっていきます。

豪快な笑顔やはにかんだ笑顔。

愛嬌のある笑顔や人を思いやる優しい笑顔。

あなたのその笑顔が、私は大好きです！

17

挨拶は幸運を呼ぶアイテム

挨拶は幸運を呼ぶアイテムです。

「おはよう」
「こんにちは」
「こんばんは」
「おやすみなさい」
「お元気ですか」
「ごきげんよう」

気持ちを込めて挨拶をすると、みるみる強運体質になっていきます。

気持ちを込めて微笑んで、まずは家族に挨拶しましょう。

そして、ご近所の方や職場の方々、ご縁のあるみなさまにも挨拶を。


「挨」は心を開き「拶」は近づくという意味があります。

気持ちを込めて挨拶していると、心が開いて、運気も上がって、思いがけない幸運とめぐり合えるのです。


ただし、絶対にどなたにも分け隔てなく挨拶すること！

挨拶されなかった人から恨みをかってしまいますし、何より幸運がスルリと逃げてしまいます。

18

幸せになっていいのです

人間は幸せになると決められています。
何が起ころうが、幸せになるようにプログラムされているのです。

それが宇宙の真理です。
あなたは大丈夫。
絶対に大丈夫。

今のあなたは本当のあなたではないのです。
仮のあなたに過ぎません。
仮ですから、悩む必要はありません。

仮ですから、悩んでも仕方ないのです。

本当のあなたは、とても強く、とても明るく、きっぱり迷わないから、もっと幸せです。

仮のあなたをリセットするには、過去と今のこだわりを捨てること。
こだわりを捨てると、未来がグーンと開けます。

そして誰かに喜びを与えると、自分にも喜びが返ってきます。
シンプルなメカニズムです。簡単です。

自分で自分の人生をカスタマイズすると、その通りになっていきます。
あなたが望めばすべての願いが叶うようになります。

あなたの人生をイメージしてみましょう。
たとえば、いつまでも若く美しく、お金持ちになって力をつけて、人の役に立てるようになる。

図々しいぐらいに、楽しくイメージを膨らませてみてください。

イメージの邪魔になるあなたの欠点は、これまで誰かから決めつけられてきた、ただの想像の産物です。
どうせなら、より良いイメージのために、あなたのことを決めつけてしまいましょう。爽やかで、素敵で、明るくて、賢いと決めつけてしまうのです。

ちょっと厄介なのは不安というシロモノです。
人は成功すると、失うのではないかという不安に囚われてしまいます。そして、不安は巣くいます。

失った時のことばかりを考えてしまい、楽しくなくなり、空回りしはじめて、うまくいかなくなっていくのです。

でもそれは、人間は幸せになると決められていることを、知らないから起こること。

何が起ころうが、あなたは幸せになるのです。
それを知っていれば、不安になる必要なんてどこにもありませんね。

幸せになるのを躊躇してしまう人がいます。
人は幸せになっていいのです。

人に好かれると裏に意図があるように思ってしまう人がいます。
人は人に好かれていいのです。

条件なんて必要ありません。
堂々と幸せになりましょう。
あなたは幸せになっていいのです。
思いっきり幸せになっていいのです。

幸せになってたくさん楽しいことをしましょう。
おしゃれをして美味しいもの食べてウキウキと歩きましょう。
人にもどんどん親切にしましょう。

幸せになるのは簡単です。
笑っちゃうほど簡単なのです

19

ネガティブにさようなら

「ホント頭に来ちゃって」「腹が立って仕方ないの」「とてもイヤで」……、知らず知らずのうちに使ってしまうネガティブなフレーズです。

先日も友人と話していると、やはりこのフレーズを使っています。

「もう、頭に来ちゃうんです！」

「ほんとにイヤなんですよね！」

でも、彼女は大らかな優しい性格の人なのです。

ですから「ねえ、あなたは本当にそのことで頭に来たの？」と尋ねてみると、聡明な彼女はハッとされて、「いいえ」とゆっくり首を振りました。

頭になんか来ていなかったのです。

無意識の発言なのです。


照れ隠しなのでしょうか。

不思議なことに、人は無意識にネガティブなことを言ってしまうようです。でも、聞いている人もまた無意識に、その方に対してネガティブなイメージを持ってしまいます。

知らず知らずに使ってしまうネガティブなフレーズですが、マイナスのイメージが固定されてしまうのです。


意識して、ネガティブなフレーズは封印しましょうね。

ネガティブにさようならするには、笑顔が何より有効です。

ニコニコと笑顔で「大丈夫」と言うと、どんなにダメなことも大丈夫になってしまいます。

ご家族にもお友達にもお仕事関係の方にも、ニコニコと笑顔で「大丈夫」と答えていればうまくいきます。

そしてもう一人、あなたご自身にもニコニコと笑顔で「大丈夫」と、言い聞かせてくださいね。

20

イライラワールドにご用心

態度の悪い店員さんに遭遇すること、ありますよね。
道ですれ違いざまになぜか睨みつけてくる人、電車の中で鞄を押しつけてくる人……、嫌な人に遭遇してしまうことって、案外日常的にあるものです。

そんなとき、ムッとしますね。
腹が立つとは思いますが、あなたに災いすることは決してありません。考える時間がもったいないですから、放っておくにかぎります。

でも、そんなことは賢明なあなたはすでにご承知だと思うので、ちょっと上級者向けの対処法をお教えしましょう。

強運なあなたのことですから、きっとできるはずです。

こういう時、私は「なんて面白い人なんだろう」「さすが人間界、色んな人がいるなあ」と面白く観察します。

自分とは違う次元の人に遭遇できるのは人間界だけなのです。

天界にはそういう人はいないので、人間界にいるうちによくよく観察しておきましょう。

とはいえ、中には驚くほど失礼な人もいますね。

もしもそれが知り合いだとしたら、さらに困ってしまいます。

人に対して不機嫌な態度を取る人は、気の毒ですが同じ気質の人を引き寄せてしまいます。

そうなると、ますますイライラして、ますますイライラな人を引き寄せてしまって、次第にイライラワールドで暮らしていくしかなくなってしまうのです。

ここでいちばん危険なのは、一緒になってイライラしてしまうことです。イライラを目がけて不運がやってきます。不運はイライラが大好きなのです。

イライラはなるべく阻止するのが幸運の鍵です。イライラワールドに巻き込まれてしまっては大変ですから、とにかくグッとガマンして、そっと離れるにかぎります。

私たちが気にかける必要はないのです。違う次元の人、関係のない人だと、キッパリ決めてしまいましょう。

21

ぶきっちょさん

気の毒なタイプの人がいます。

いつも、まわりの目が気になってピリピリして、挨拶されなかったくらいの小さなことでも、自分が否定されたと勘違いしてしまうのです。

すっかり拗ねてしまって、自分から挨拶することもしないで、勝手な勘違いで壁を作っていきます。

自分の作った壁のせいで一人ぼっちになり、寂しさからますます意固地になって、どんどん行き場がなくなっていくのです。

本当は優しくて、人の役に立つのが目標なのに……。

これは、誰の心の奥底にも必ず生息している「ぶきっちょさん」の仕業《しわざ》です。
「ぶきっちょさん」は、真っ正直で世間知らずで不器用です。
自分はプライドが高いと勘違いしています。

あなたの「ぶきっちょさん」はいつも心の奥底で眠っています。
だから、あなたは人と自然に接することができます。

時々、「ぶきっちょさん」全開の人もいますね。
そういう人とは、ご挨拶だけしてそばに近寄らないのが肝心です。

ところで、「ぶきっちょさん」を起こすことなく世の中を上手に渡っていくことは、実はそんなに難しくありません。むしろ、簡単です。

「ありがとう」「お願いします」「ごめんなさい」

3つの魔法の言葉を駆使すればよいのです。
そうすれば、たいていのことはうまくいきます。

ほめられたら素直に「ありがとう」。
頼みごとは丁寧に「お願いします」。
そして、失敗した時には言い訳せずに「ごめんなさい」。

失敗しても、謝らない人がいます。
非を認めたら負けだと思っているのかもしれませんね。

失敗は誰にでもあることであり、成功のために必要なプロセスです。
失敗するから前に進んでいけます。

でも、その時に素直に謝らずにいると、せっかく運命が開いても、ひずみのようなものが生じてしまい、良いことと悪いことが入り混じってしまうのです。

また、言い訳することもNGです。

様々な事情がある場合もあるでしょうが、さんざん理由を説明されて、付け足しのように謝罪されても余計に腹が立つものです。

謝罪の気持ちは伝わらず、うまくいくものもいかなくなってしまいます。

そんな時は、自分の言い分を並べるよりも、落ち着いて相手の言い分を聞いてみてください。

たとえ内心では、自分は悪いとは思ってなくともです。相手の言い分を聞いているうちに解決の糸口が見えてきます。

何より、謝罪は祓《はらい》であり、禊《みそぎ》なのです。

「ごめんなさい」の一言で、運命をリセットすることができます。
言い訳していては「ぶきっちょさん」が目を覚ましてしまいます。
肩の力を抜いて、「ありがとう」「ごめんなさい」「お願いします」でいきましょう。
とっても幸せに生きていけます。

22

ケンカになったら……

ケンカは運気が滞ります。

なるべくしない方がいいです。

でも、家族とはすぐにケンカになってしまいがちですね。

彼氏や彼女ともすぐにケンカになりますね。

ケンカになるのは仕方のないことです。

ただ、ケンカになった時にはこちらから修復する努力をすると、強い運がやってきます。

たとえば浮気をされたとか、お金を使い込んでしまったとか……、そんなヘビーな問題の場合は「感情的になっていたら解決できないから、いったん仲直りしましょう」と言ってください。

そしてその後に、とことん話し合うようにしてくださいね。

もちろん私も、パートナーとケンカになることがあります。

でも、そういう時の仲直りは私のほうからします。

「こういう雰囲気はイヤだからケンカは止めよう。仲直りしよう」と言います。

すると、彼はすぐにうなずいて「そうしよう」と言います。

この時大切なのは、ケンカの原因は棚上げすること。

どうせ大した理由ではないのです。パートナーが私の言ったことを誤解したとか、たいていはそんな程度のことです。

仲直りしたら、一緒にお気に入りの紅茶を飲んだり、おいしいケーキを食べたりします。

仲直りのちょっとしたお祝いをするのです。

そうすれば、あっという間に強運が押し寄せてきます。

23 アクシデントはリセットの時

うまくいかない時があります。

頑張っても結果が出ない時、思いが伝わらない時、悲しい別れがあった時、病気になってしまった時……。

そういう時には、がんばるのをいったんやめましょう。

美味しいものでも食べて、のんびりテレビでも見ましょう。

うまくいかない時は長くは続きませんから。

転んだり、ぶつけたり、怒られたり、嫌われたり、辛い別れがあったり、病気をしたり、人生にアクシデントはつきものですが、これらはリセットの時だと認識してください。

運命のリセットです。

たとえば、別れは寂しいし辛いですね。

でも、本当は良いことなのです。
ひとつの別れでひとつ終了。
新たな出会いが待っています。

悲しい別れはイヤですが、悲しむ必要はありません。
すぐにうれしい出会いがあるのです。

嫌われたら辛いけれど、凹む必要はありません。

あなたを助けてくれる人が、奇跡のようにあらわれます。

起こったことに執着しなければ、それは新たな道が開ける合図なのです。

うまくいかない時は人生の調整局面です。
がんばるのをいったんやめて、リセットすると決めましょう。

リセットされると、新たな運命が力強く稼働し始めます。
運気は強まり、大きく向上します。

アクシデントは辛いけれど、次の展開を楽しみに、しっかりリセットして乗り超えてくださいね。
何があろうが大丈夫、安心していれば大丈夫です。

24

強運になるとっておきの呪文

あなたはこんなふうに考えたことはないですか？

いつかきっと、誰かが私を認めてくれる。
そして、すべてがうまくいくようになる。

残念ですが、そんなふうには決してなりません。

みんながみんな、自分を認めてほしいと強く願っています。
ですから、他の人を認めるなんていう、発想も余裕もないのです。
現に、あなただってそうではないでしょうか。

ということはつまり、需要と供給のバランスが崩れているのですね。

人をあてにしていると、何事も成就しません。

強運になるには、人をあてにせず、自分の力を信じてやっていくことが大切です。

そんなことを言われても、自分の力に自信なんて持てないという方に、とっておきの呪文をお教えしましょう。

「頼りになるのは自分だけ」と、呟いてみてください。

あるいは紙に書いてみてください。

数日続けるだけで、不思議なぐらい強運になっていきます。

頼りになるのは自分だけ。

頼りになるのは自分だけ。

困った時に言い聞かせる言葉です。
自分を信じて進むと、どんなことも乗り越えられます。

私は「私は私として生まれてきて本当に良かった。自分が一番あてになる」と、
いつもキッパリと思っています。
なまけ者で、成功からはほど遠かった頃からずっとです。
そして、その通りになっています。

だまされたと思って、呟いてみてくださいね。
ぐんぐん強運が身に付きます。

25 正直者は得をする

「正直者は損をする」と言いますが、きっぱり違います。

正直者は間違いなく得をします。

要領が悪いぐらいの方が、いいのかもしれません。
要領良く生きようとすると、なんだか結局、最後には失敗してしまいます。
あるいは、一時はうまくいっても、どんでん返しがやってきてしまうのです。

正直者はコツコツやっていくのがいいですね。
コツコツ努力して、得をしましょう。

悪事は必ずや露見します。

必ずばれてしまいます。

宇宙の真理によって必ず明るみに出るのです。


盗みをする人がいますが、盗みはたいてい目撃されているものです。

知らないのは当人だけで、盗みをすればすぐに噂になってしまいます。

万一見つからなかったとしても心配ご無用、お天道様がちゃんと見ておられますからね。


不思議でたまらないのですが、盗みを働く当人は絶対に見つからないと思うようなのです。

見つからないと思うから、悪事にハマるのでしょうね。

知らないで盗みを続けて、信用を失い、運からも見放されてしまいます。

盗みまではしないにしても、嘘やいじめや悪口も同じです。

信用を失い、運からも見放されてしまいます。


だから、正直者のあなたは、そんな人たちにこだわる必要はないのです。

嘘をつかれたり、いじめられたり、悪口を言われても、こだわる必要はまったくありません。


つまらないことやつまらない人にこだわらないでくださいね。

どうでもいいことです。

どうでもいい人です。

そんなことをいちいち気にしたり根に持っていては、未来に進めなくなってしまいます。

むしろ、困ったこと、辛いことや苦しいことがもろもろ作用して、幸せになっていくのです。
それらはすべて、幸せになるためのプロセスなのです。

結局は正直者が得をする、これが宇宙の真理です。

もしも、私はちゃんと正直に生きられているかしら？　と不安になることがあったら、自分にこう問いかけてみてください。

子供たちの目を真っ直ぐに見て、お話しできるでしょうか？
お話しできないと感じるならば、何かが違います。

子供たちの目を真っ直ぐ見つめられる生き方、これを基準にすると間違いは起きにくいですね。

ともあれ、小さな欠点や不安があったとしても、あなたは間違いなく正直者です。

最後に笑うのはあなたですから、どうぞ安心して一歩ずつ進んでいってくださいね。

26

天国の仕組み

もうずいぶんと前のお話になるのですが、私の父が亡くなったのは12月18日のことでした。

悲しみの最中《さなか》にクリスマスがやって来たのが思い起こされます。

もっとできることがあったのではないかと後悔の想いばかりがあふれて、悲しみと強い喪失感におそわれました。

お仏壇の前に座って、手を合わせて祈る。

できることと言えば、それだけです。

どこまでも悲しいです。

「どうか父が私を忘れてしまうほど、天国で楽しく愉快に過ごすことができますように」と、繰り返し祈りました。

やがて、父が天国で穏やかに笑顔で過ごしていることが、感じられるようになりました。

そして、長い時間はかかったけれど、私はそれまで以上に力強い片山エリコとなっていったのです。

このことをきっかけに、天国について色々と思うようになりました。

天国の父に祈ることで、「死は終わりではなく始まり」だということが、分かるようにもなりました。

そんな中で、私が知ったことをお伝えしますね。

天国は、いったいどんなところでしょう。
羽衣を着た天女が、ふわふわと優雅に飛んでいて、美しい蓮の花が咲く池があるのでしょうか？

世界中どこの国にも、地獄に関しては詳しく記されている書物があるのですが、天国に関してのものは意外に少ないのです。
まるで情報が閉ざされているかのようです。

天国について詳しくわかると、人間界での修行も楽に感じられるようになります。

実は、天国は人間界と似ています。
似てはいますが、もっとずっと美しく、常に喜びにあふれています。

超高級住宅街も存在します。

団地のような街並みもあります。

どんな美食も楽しめますし、楽しいこともたくさん！


ただ、残念なことに人間界のお金は一切使えないのです。

持ち込むこともできません。

生きているうちに人のことを思い、世界平和のために尽くすと、それが天国での通貨となります。


笑顔でご挨拶したり、家族のために美味しい食事をつくったり、近所の公園をお掃除したり、電車で席を譲ったり……、小さな善意が通貨となります。

ご先祖様に感謝して、お仏壇に手を合わせたり、お墓参りをすること。

その感謝の気持ちが通貨となります。

先日私は、仲間と誘い合って雨の中、一緒に日本の弥栄《いやさか》と世界の平和を祈りました。

心を込めてお祈りしました。

これも通貨となります。

ご苦労が絶えなかった方、災害や戦争で犠牲になられた方々は、優先的に高級住宅に入られます。

悲しく辛いことですが、犠牲は尊いのです。

その方々といつかご近所になれますように、毎日毎日、財産を貯めていかないといけませんね。

27

迷わないで生きる秘訣

私は何かを決める時、迷うことがありません。
そして、決めた後に後悔することもありません。
その秘訣はなんだと思いますか？

自分にとって損か得かを考えないことです。

損か得かを計っていると、迷います。
迷うと判断を誤ってしまいがちです。
損得は大切なことですが、決断する時には、迷いや不安のもとになってしまうのです。

また、人と接する時は常に「この方を幸せにして差し上げるには、どうしたら良いだろうか」と考えます。

人のことなど気にしません。
自分で決めて行動しているだけですから、お相手から感謝されなくても、何の見返りがなくても、周りからどのように見られても、気にする必要がないのです。

そうすれば迷わないし、後悔することもありません。

私は仲間たちとともに様々なチャリティー活動をしています。
損得など一切考えることなく、誰かの幸せのためだけに奔走している仲間たちは、意識はしていないかもしれないけれど、「やろうと思えばなんでもできる」

という私たちに与えられた恵みを、感謝の気持ちで受けとめているのだと思います。


それは当たり前のようですが、とても尊いことです。

その行いは「愛」で報われます。

幸せにつながります。


悩んだり迷ったりすることは悪いことではありません。

でも、悩んだり迷ったりしてばかりで何もせずに過ごすことは、与えられた恵みを無駄にしているとは言えないでしょうか？


今この時にも、障がいがあっても希望をもって自立を目指し、努力し続けている方がいらっしゃいます。

大変な困難の中にあっても、前を向いて精一杯生きている方たちがいらっしゃいます。
どうぞ、そのことを忘れずに、あなたも後悔のない生き方をなさってくださいね。

Lesson 3

心身美しく過ごす秘訣

28

朝は笑顔、夜は妄想

一日を間違いなくごきげんに過ごせて、美しく健康になり、信じられないほど運が良くなっていく行動を二つ、ご紹介いたしましょう。
とてつもなく強力なので、ご注意くださいませね。

まず、「朝は笑顔」です。

寝ぼけてベッドのふちに頭をぶつけようが、キッチンでコップが足に落ちてこようが、朝は笑顔で起きて笑顔で過ごします。
みるみるうちに運気アップしていきます。

これはとんでもない効果があります。
不思議なぐらい都合よく物事が進んでいきますから、ぜひ試してみてください
ね！

そして、「夜は妄想」です。

夜、寝ている時間はとても大切です。
願い事が叶う最高の時間帯なのです。

ですから、寝る前の儀式も大切にしましょう。
まずは、ゆっくりお風呂に入って、一日の疲れを癒し、汚れを洗い流しましょ
う。そして、きちんとパジャマやネグリジェに着替えて寝ましょう。

ベッドに横たわったら、とにかくハッピーなことを妄想します。

一番いいのは、お金持ちになったらどんなことをするのかを妄想すること。
楽しいことを色々と妄想しながら寝ましょう。

人は寝ようと横になると、不思議とつまらないことやネガティブなことをグルグルと考えてしまうものです。恐ろしいことに、夜のパワーはそれらを実現していってしまいます。

ぐっすり眠れて、夜の実現のパワーを最大限に使う方法はただひとつ、脳天気に楽しく妄想しながら寝ることなのです。

朝の笑顔と夜の妄想、楽しいうえにとにかく強大な運気がやってきますから、今日から早速、始めてくださいね。

29 やる気スイッチオン！

家は安らぎの場所で英気を養えますが、活力が落ちてしまう場合もあるので要注意です。

引き込もってしまうと、そのままどこにも行きたくなくなるのです。

引き込もっていると、みるみる力が衰えてしまう人もいるぐらいです。

家にいるのなら、しっかりと家を掃除して、たとえ家にいてもさっぱりと身ぎれいにしてないといけないのです。

ところが、家にいるのだから片づけぐらいしたらいいのに、なんだかできません。服装もだらしないままで、意味もなくダラダラとテレビを見たりして、食事も適当になります。

ずっと家にいて誰にも会わないで過ごしていると、ついつい無表情になってしまいがちです。顔がこわばって、どんどん老け顔になってしまいます。

やる気スイッチがオフになってしまっているのですね。

恐ろしいことに、世の中には生涯やる気スイッチがオフのままの人もいます。

やる気スイッチがオンになれば、活力が湧いてどんなこともバリバリと片づけられます。なんだって楽しめます。

やる気スイッチはどうやったらオンになるのでしょうか？

実は、やる気スイッチをオンにするのは、「ほんの少し」の結果です。

大切なのは「ほんの少し」でいいということ。

大きな結果を求めるから、気分が萎えてしまうのです。

ほんの少しの結果のために、ほんの少し動く、ほんの少しだけ努力する。
これがやる気スイッチオンの極意です。

まずは、外に出る工夫しましょう。
着替えて、身だしなみをととのえて、笑顔で出かけましょう。
朝ごはんを外で食べるのもいいですね。
できれば、人に会い、お話しできるといいですね。
定期的に人と会える場所があれば、とてもラッキーです。

自分を表現できるツールがあると素敵ですね。

踊るとか歌うとか走るとか、詩を書くとか……。
上手下手なんてどうでもいいのです。好きなことでいいので、身体を使って自
分を表現できると、知らず知らずのうちに心に溜まったホコリのようなくすぶ

りが、スッキリはらえて楽になります。

運気が上がりはじめます。

思いきって心のくすぶりをお掃除すると、すっきりして、自然にやる気スイッチがオンになります。
そのうちに、「ほんの少し」だった結果が、思いがけない大きな結果になってやってきます。

気楽にやっていきましょう。
成功なんて、案外簡単なものです。
家でくすぶっていたあなたとは、これでもう、さようならです！

30

すばらしい美の創造

私は普段から、なるべくよそ行きの服を着るようにしています。

よそ行きの服は、ついついしまい込んでしまって、汚れてもいいような服ばかり着てしまいがちです。

でも、よそ行きの服は運気を上げるアイテムです。たまに着るのではもったいないですね。

お値段の高い服である必要はありません。

毎日、違った服を着る必要もありません。

同じ服を、制服のように着ればよいのです。

よそ行きの服を着て、颯爽と歩くあなたは本当に素敵です。


そして、きちんとお化粧をして、髪もととのえます。

面倒くさいですが、とても大切なことです。


きちんとしていると、きちんとした人生を送っていけます。

不思議なぐらい、良い運気がついてくるのです。

自分に気を配るようにすると、人もあなたに気を配ってくれるようになります。驚くほど注目されるようになります。


お風呂に入って体や髪を丁寧に洗い、清潔にしましょう。

服もマメに洗い、清潔な香りを漂わせてくださいね。

美意識は心の働きです。
人は美意識をもって創造するのです。

「秘すれば花」という言葉があるように、日本人の美意識は自然に寄り添おうとする奥深いものです。
清潔感のある美しさを好むのです。

自分に気を配り、ととのえることは、小さな、でもとてもすばらしい美の創造です。

そして、最後に美しい微笑みを。
神さまも微笑んで、美しいあなたにすばらしい運気を注いでくださいます。

31

髪を切ると運命が変わる

髪には、良くも悪くもチカラが宿ります。

念がこもってしまいます。


気が滞ると髪に支配されてしまいます。

なぜかどうしても、髪を切れなくなるのです。

髪にだけ気持ちがいってしまい、お化粧や服が適当になってしまいます。体型なども気にならなくなります。


私は、数年ごとに思いっきり髪を切って運命をチェンジします。

強い運気が宿っている時には、あえて伸ばすこともあります。
ただし、お化粧や服になるべく気を配り、髪はまとめたり、しっかり巻いたりして、私が髪を支配しています。

前髪を上げて額を出すようにすると、次々と良いことがやってきます。
天照大神さまの御光《みひかり》を、額でうけたまわるからですね。

運気が滞っていると感じたら、額を出してみてください。
たくさんたくさん御光をいただきましょう。

32

お片付けで人生スッキリ

中途半端なことをしていると、中途半端な人生になってしまいます。

では、どうしたらいいのか？

一番簡単で、すぐにできるのは家の片付けです。


やるべきことはすぐにやらないといけません。

掃除や片付けを先延ばしにすると、家はごちゃごちゃになり、どうにも手に負えなくなってしまいます。

ですから片付けは先延ばしにしないようにしましょう。


本格的に片付けを始めると、家の中は物であふれて、かえってごちゃごちゃになってしまいます。

それに耐えて、一つひとつ徹底的に片付けていきます。

必要ないものは、潔くキッパリと捨てましょう。

なるべく集中して、1日もしくは2日でやりきりましょう。

すっきり片づくと運命もすっきりとします。

家が片付いていないと、貧乏神さまがお住まいになってしまいます。

貧乏神さまはごちゃごちゃに散らかった家が大好きなのです。

「何だか嫌なことが続くなあ」という時にも、ゴミ袋を用意して使わないものをバシバシ捨てて家中を片付けます。

捨てて、差し上げて、また捨てて……、とにかくスッキリさせましょう。

嘘のように運気が好転していきます。
思いきってバシバシ捨てるのがコツです。

「家族が片付けてくれない」と言って、イライラしている人もいらっしゃいますが、そんなのは時間の無駄です。心配せずとも、いつまでたっても片付けてくれたりはしません。

私はどんどん一人で片付けてしまいます。
おかげで人生スッキリ、いつも強運です。
ついでに家族の運気もグンと上昇して、良い出会いにも恵まれます。

そうそう、片付けが楽しく一気に進む秘策を伝授いたしましょう。
片付けをするとき、すばらしく高貴な方が我が家にお越しくださると想像してみてください。すっきりと片付けていないと失礼ですよね。

たとえば「美智子上皇后さまをおもてなしするとしたら、お掃除は十分かしら？お出しするのはこのティーカップでいいかしら？」と考えてみましょう。高価なものである必要はありません。いまできる精一杯の美しさでお迎えすればいいのです。

心を込めて家を片付ければ、美智子上皇后さまのような福の神さまがお越しくださいます。

幸せに導かれます。
すべてが最高に運びます。

33

お金は寂しがり屋でおこりんぼう

お金は寂しがり屋でおこりんぼうです。
お金は自分を大事にしてくれる人を探しています。

あなたは小銭をジャラジャラと適当な場所に置いていていませんか？
お洋服のポケットに入れっぱなしにしていませんか？

お金は必ず、お財布にしまってあげてくださいね。
お財布はボロでも、整理してあればお金は居心地よくホッとしてくれます。居心地の良いところにお金は集まりはじめます。

もしかすると、あなたは「お金なんかどうでもいい」「大切なのはお金じゃない」なんて言っていませんか？

それは、お金に対して失礼ですね。お金はおこりんぼうですから、プンプン怒ってドンドン出ていってしまいます。

「お金は大切です」と思ってください。

「お金があって嬉しいです」と思ってください。

お金が集まってきます。

そして、これが一番大切です。

お金は人のために使いましょう。

すると、お金はめぐりめぐって、数倍になって返ってきます。

全部ホントのホントですから、やってみてくださいね。

34

年齢に支配されない生き方

ちょっとゆったりした時間を過ごしたくて、素敵なカフェに入りました。
すると、「もう年だから」「もうおばさんだから」という声が聞こえてきます。
声のするほうを見てみると、なんと20歳ぐらいの女の子。
「もう20歳のおばさんだから」と言うのです。

思い起こせば、私もそう思っていました。
その頃は20代はすごい大人だと思っていたのです。
30歳なんてすっかりおばさんで、楽しみなど半減するだろうと信じ込んでいました。

でも、年齢を重ねていくうちに、いくつになっても関係ないとわかりました。

和食料理人として有名な、道場六三郎さんにお会いする機会がたびたびあるのですが、自らポルシェを運転して、店では下駄を履いてさっさと歩き、テキパキと働かれています。

なんと御年92才！

YouTubeで「鉄人の台所」という番組を持っておられて、「今が一番人のお役に立てる番組を提供できている」とおっしゃっているのです。

本当に、年齢は関係ないのですね。

年を取るのはイヤだと感じるかもしれないけれど、これは自然の法則です。

年を重ねることを楽しまないと、損をしてしまいます。

しかも、年を重ねるのは、イヤなことばかりではありません。

長く生きていけば経験を積めますから、知恵がついて、たいていのことは解決できるようになります。

元気に過ごしているだけで、高い評価を受けられます。

今では年を重ねてから素敵な恋をしたり、結婚される方も多いですね。


年齢に支配されずに楽しく生きる秘訣は、ちょっと無理をすること。

そうすれば、若々しさを維持することができます。


まずは姿勢。猫背はいけません。

カッコ悪いだけならまだいいのですが、背中が丸まっていると、呼吸が浅くなり、肺に新鮮な空気が入らなくなって、結果、老けてしまいます。

ちょっと無理して、良い姿勢を心がけましょう。

そしてサルコペニア（加齢や疾患による筋肉量の減少）。

筋肉が弱くなると、ぐんぐん老化してしまいます。

ちょっと無理して、たくさん歩き、階段を使うようにしましょう。


食事にも気を使いたいですね。

良いものを感謝して、よく噛んでいただくこと。

そして、ちょっと無理して定期的に断食を取り入れるのがおすすめです。

ちょっと無理するのは面倒ですが、年を重ねても、思いっきり楽しみたいと思いませんか？

人生は案外長いもの。

あなたも私も年齢に支配されない生き方を選びたいですね。

35

美しく健康に生きる第一歩

あなたはご自身の魅力に気づかれていますか？

どんな方も、それぞれにステキな魅力を秘めています。
問題は、その魅力をどうやって引き出すのか？　ということ。
魅力はどうにも奥深くに隠れていて、なかなか出てきてくれないのです。

引き出すコツは背筋をピンと伸ばすこと。
たったそれだけで、ぐっとステキに見えます。
颯爽として、自信にあふれた雰囲気になり、とても目立ちます。

日本人は多くの人が、背中が丸まっていて猫背気味です。

それでは、自信のない雰囲気をかもし出してしまいます。


姿勢よく、背筋をシャキッと伸ばして、にこやかに颯爽と歩いていると運気も違ってきます。

ステキなあなたがもっともっとステキになります。


体型のことを気にされる方が多いのですが、本当にところは、健康であれば、太っていてもスリムでもまったくかまわないのです。

太っていてもスリムでも、みんなそれぞれに美しく魅力的です。


ただし、大切なのは、自分の体型を冷静に把握することです。

それが、美しく健康に生きるための第一歩になります。

太っている方は痩せていると思いがちですし、痩せている方は反対に太っていると思いがちです。

人の意見は気にせずに、まずは体重計に乗ってみましょう。
それから、後ろ姿や斜めの姿、横向きの姿の写真を撮りましょう。
真正面の姿よりも、人の目にさらされている姿だからです。
しっかり把握して、体型を活かすイメージ作りをするといいですね。

みんなで写真を撮りあってみると、みんなそれぞれに美しいのですが、ご自身のイメージとは違うのか、自分の写真にショックを受ける方が少なくありません。
そして、「美しく健康に生きたいです！　エリコさん教えてください！」とおっしゃるのです。

ちなみに私は、自分を把握することが得意です。

自分には厳しい採点をします。ユメユメ自分が美しいだなんて思っていないから、たくさんの情報を集めて実践しています。

今では「健康になり若返る技術」や「美しく健康に生きる」といったテーマで講演を依頼されるほどになり、たえず情報をアップデートしてご紹介しています。

全国各地にお伺いしているので、よかったら会いにいらしてくださいね。

ご一緒に美しく健康に、人生を思いっきり楽しみましょう。

36

歩く歩く、とにかく歩く

突然ですがみなさま！　しっかり歩いていますか？

歩いてくださいね。
下半身を鍛えていると老けません。

筋肉には、動くための脂肪が毎日供給されています。
動かないでいると、どんどん溜まってきます。
放っておくと、どんどん太ります。ぐんぐん老化します。

ご長寿の方に、太っている人はいないそうです。

しっかり歩いて、キュッと引き締まった健康で美しい体を手に入れましょう。

私たちの身体は60兆個ほどの細胞で形成されています。その細胞それぞれに、酸素や栄養分や酵素や水分やホルモンや白血球が必要です。それらを運び、供給するのは血液です。ですから、血管が老化すると体を維持することができなくなってしまいます。するとどんどん疲れて、老けていってしまうのです。

若さを維持するには下半身に筋力をつけることです。足は心臓から遠く、ここに筋肉をつけてよく動かせば血流がよくなり、酸素や栄養分や酵素や水分やホルモンや白血球が体中にどんどん行き渡ります。すると、体は若さを保てるというわけです。

歩いたり軽く走ったりすることは、有酸素運動といって体に酸素を取り入れることもできるので、ますます若さが維持できます。

私は仕事の合間に、よくお散歩に出かけます。
一駅くらいの距離なら電車に乗らずに歩きます。
エスカレーターは使わないようにして、なるべく階段を使います。

1時間ほど歩くと、スッと疲れが消え去ります。
翌日はお肌もツヤツヤです。
15分歩くだけでもかなりの効果があります。

小まめに水分をとることを忘れずに、どんどん歩いてみてください。
四季折々のすばらしい美しさを全身で感じます。
美しい空を見上げると嬉しくなってしまいます。
笑顔で歩けば、とても幸せです。

37 食事は優雅に美しく

あなたは食べることが好きですか？

私は大好きです。しかも、ものすごく大食いです。

でも、スタイル良く健康で過ごしたいので、そのための情報にはいつも目を光らせています。

そんな私から、太らない、もたれない、ボケない、身体に負担をかけない食べ方を伝授します。しかも、とってもエレガント。

あなたもますます美しくなられることでしょう。

基本は優雅に。

応用は美智子上皇后さまならどんなふうに召し上がるか。


まずは食事を目で楽しみましょう。

食材や色や盛り付けなど、ゆったりとご覧になってくださいね。

少し顔を近づけて香りも楽しみます。


そして、箸あるいはナイフフォークを手に取ります。

ゆっくりと一口分の食べ物を取ったら優雅に口に運びます。

口いっぱいにほおばるのはマナー違反ですし、しっかりと味わえないので避けてくださいね。


一口分をお口に入れたら、箸やナイフフォークはいったん置きます。

そして、最低30回は噛みます。

優雅にゆっくりと噛みましょう。

セカセカと噛むと品がなくなってしまいます。

飲み込んでから心の中で1・2・3・4・5と数えてから、おもむろに箸やナイフフォークを取って、またゆっくりと次の分をお口に入れます。

これを繰り返していきましょう。


気がつかれましたか？

つまりは、マナーを守ってお行儀良く食べるということなのです。

マナーは面倒くさいですが、守っているとご一緒に食事している方にも快適に感じていただけるうえに、自分自身の健康をも守ることになるのです。

よく噛むと内臓に負担がかかりません。
噛むことによって脳神経が刺激され、ボケにくくなります。
よく噛むと唾液の酵素が口の中の菌を除去してくれて、虫歯予防にもなります。

常に優雅に、美智子上皇后さまが食事をされたらこんなふうかなあと想像しながら、食事を楽しんでくださいね。

エレガントに召し上がると、食べ物に敬意を払えます。
そして、身体に負担をかけないので、太りにくくなります。
そして、あなたはますます若く美しく優雅に。
良いこと尽くしですね。

38

リリベットにいらしてね

リリベットは癒しのカフェです。
古い古い130年も昔のバッフェ（家具）が、強い魔法を放っています。
バッフェは貴族の特注品で、幸せと富の象徴の道化師の顔が彫刻されています。

「リリベット」はエリザベス女王の幼いころの愛称です。
気品ある英国の雰囲気の中に、愛らしさもある店内となっていて、座っているだけで、幸せな気分になります。

お紅茶やハーブティー、ケーキも抜群に美味しいです。

英国風のカレーやパンケーキにも、感激してしまいます。

ぜひ一度いらしてみてくださいね。

カフェは東京と軽井沢にあるのですが、美しく健康に暮らせるようにいろいろな商品をつくって、最近では遠方のみなさまにもお届けできるよう、ネットでの販売もしています。

食べることがとにかく大好きな私。

でも、安心して食べられて美容にも良くて、しかも美味しいというものが少ないので、自分たちでつくっていたのですが、ご要望をたくさんいただいたので、みなさまにもご紹介することにしたのです。

一押しは、美味しいうえに痩せて健康になる「ビューティーこんにゃく米」。

私はいつも持ち歩いて、お米の代わりにモリモリ食べています。食べれば食べるほど、腸がきれいになりますから、食べることが大好きな私にはなくてはならない存在です。

それからカフェリリベットでも人気な低糖質の「チキンティッカマサラカレー」。18世紀から英国人に愛されたカレーを再現しました。

そして調味料。添加物が入っていないものはほとんどないし、入っていないものはあまり美味しくないものも多いですね。

そこで、お醤油やポン酢、ソース、ケチャップなども自分たちでつくりました。安心して食べられて、しかも美味しいなんて、素敵すぎます。

他にもいろいろつくっていこうと思っているので、あなたもぜひお試しくださいね。

ただし、一度試すと病みつきになること間違いなしですから、どうぞお気をつけあそばせ。

Lesson 4

成功するのは簡単です！

39

人生は山あり谷ありいばらあり

人生は山あり谷ありいばらあり。

時に真っ暗闇。
先がまったく見通せず、不安と恐れで立ちすくむこともあります。

お布団をかぶって誰にも会いたくない時もあります。
孤独にさいなまされる時もあります。
人類みな敵と感じることもあるかもしれません。

皮肉なもので、その向こうに楽園が広がっています。

道もなだらかで歩きやすくなります。

まずは、山あり谷ありいばらありの道を通らなければ、楽園にはたどり着けないのです。

勇気を持って、一歩足を踏み出してみてください。

よちよちと、一歩一歩歩いていきましょう。

山あり谷ありいばらありの道は、急いで行こうとすると通れないけれど、よちよち一歩一歩進んで行くと必ず通れる道なのです。

しばらくよちよちと歩いていると、やがてスタスタ歩けるようになり、しばらくすると小走りに、最後にはいくらでも走れるようになってきます。

大きな幸せがあなたを待っています。

山あり谷ありいばらの道を、何があっても立ち止まらずに一歩ずつ歩いていきましょう。

大丈夫、私もご一緒します。

案外楽しい道のりですから、ワクワク進んでまいりましょう！

40 成功するのは簡単

私は仕事で成功して、一生気楽に暮らしていくことができます。
成功して本当に良かったです。
なんでもできるし、たいていの所には行けます。

成功は難しく思えますが、実際には簡単です。
肝心なのは始めることです。

夢や希望を抱いていても、行動には移さない人がいます。
大半がそうなのではないかしら？
ずーっと心の中で思うばかりなのです。

あるいは、すぐに人をアテにしてしまいます。
誰かがなんとかしてくれると、ずっと空想して、待っているのです。

どんな大きな夢も始めなければ叶いません。
始めてしまえば、あとは叶うまで続ければいいのです。
傷つくことや失敗することを恐れてはいけません。
始めれば運命は大きく変わっていきます。

成功するのは簡単です。
あなたもぜんぜん大丈夫です。

私は自分を変えたかったのです。
「人間は生まれて来るとき、自ら「自分」と「自分の運命」を選んで生まれてくる」

と言われます。

それを知った時、私は「冗談じゃない！」と思いました。

こんな「自分」と「自分の運命」を選ぶわけがないと思ったのです。


でも、それは間違いでした。

いろいろと不足や欠点はあるけれど、これが私にとってはベストなんだろうと考えるようになってから、運命がグンと上向きはじめました。


選んだ「自分」と「自分の運命」は、必ず幸せになるように仕組まれています。

自分の選択のすべてを信じた時、運命は進化するのです。


それまでの私は、仮の私でした。

力なく弱い仮の私ができることは限られていますが、力ある強い本当の私ができることは無限です。

自分は自分で簡単に変えられます。

どうか今のあなたにこだわらないでください。

どんな問題があろうが、今のあなたは仮の姿でしかないのです。

仮の姿にこだわっていては、進んでいけません。

今のあなたを気にしていては、何も変わりません。


私は力ある強い私として、誰かにやらされるのではなく、誇りを持って仕事に取り組み、大きな利益を得て、信用を得て、多くの人の役に立ち、成功します。

そんなふうに本気で願い続けました。

そして、本気で行動し続けました。


成功の喜びや感動は成功してみないことにはわからないものです。

すべてが明るくきらめく成功の喜びと感動、味わってみないわけにはいかないですね。

成功への道は、ただただずっと続くうねうねとした道のりです。
いろいろありますが、誰でも進んで行けます。

自分の選択を信じて、休まないで歩き続けること。
秘訣はたったそれだけです。
大丈夫、あなたにもできます。

待っています。
どうぞあなたも、いらしてくださいね。

41

清らかに野心を持って

清らかに生きたい。
誰もがみな願うことだと思います。
清らかに生きるというのは人としての道です。
人として生まれた者の課題でもあります。

とはいえ、欲も大事です。
生きる活力です。生産性が上がります。
清らかさと欲とのバランスを取りながら、精進して生きていくのです。

もちろん、脱線してしまうこともしばしばです。

でもやり遂げましょう。

私たちは、やり遂げられます。

そのために、野心を持ちましょう。

あきらめない強い気持ちを持ちましょう。

モンゴメリ作品の赤毛のアンや可愛いエミリーも、海外の少年少女小説の主人公たちは、みんな心に野心を秘めています。

日本では、野心というとあまりいいふうに思われないかもしれませんね。

野心家なんていうと、手の届かない分不相応の望みを持っている人という感じがします。

でも、英語にするとアンビション（Ambition）。
野心、野望、抱負、向上心、大望、大志……。

さあ！　あなたも大志を抱きましょう！
大きな望みを持って、必死にがんばって叶えていきましょう。

人生は死ぬまでわからないもの、いくらでも変えられます。
今はダメだとか、そんなことは関係ありません。
自分次第で、明日はいくらでも変えられるのですから。

時々、必死でがんばっている人を見て「あそこまでしないと、成功できないんですね」なんて言う人がいます。残念な人、本当に残念です。

「あそこまでできる」ということこそが、強い運気なのです。
何もしないで、必死でがんばっている人を横目に「何かいいことないかなあ」
なんてぐだぐだ悩んで、一生終わってしまうおつもりでしょうか。

気がついたら、年だけ取って、お財布はぺっちゃんこ。
そんなの、つまらないです。

必死ってすばらしいのです。
どんな願いも叶います。
大志を抱いて、野心を貫きましょうね。

みんなでもっともっとお金持ちになりましょう。
そして、清らかな心で、日本の弥栄と世界平和のために尽力しましょう。

42

なまけ者への道

なまけ者は、どうにも困った存在ですよね。

かくいう私も、以前にお話ししたとおり筋金入りのなまけ者です。

私のやりたいことといえば一日中ゆったりとソファに座ってお気に入りの本を読んで、美味しいものを心ゆくまで食べて、素敵な映画を観たり、ぶらぶらと散歩したり、楽しい旅に出たり……。

お化粧なんて面倒くさいし、おしゃれもどうでもいい。

私はなまけて暮らしたいのです。


いろいろと格好のいいことを言っていますが、白状すると、私はなまけて暮らすためにがんばったのです。

「石の上にも三年」と言うので、三年間は「休まない、悩まない、考えない」で必死で動き続けました。

そして、夢が叶って成功し、ついになまけ者ライフを送れるようになったのですが、一つ大きな問題が発生しました。

なんと、働く面白さを実感してしまったのです。なまけるのが大嫌いになって、なまけようにもなまけられなくなってしまいました。

そんなわけで、私の「なまけて暮らす」という夢は、道半ばでとん挫してしまったのでした。

なまけ者への道、極めてみたかったなあ。

43

決める人が成功する人

決める人が成功する人です。
でも、たいていの人は決めません。

レストランで、いつまでたってもお料理を決められない人がいます。
好みでなかったらどうしようと心配になるようです。
お菓子ひとつでも人にお勧めできない人もいます。
お口に合わなかったらどうしようと心配になるようです。

心配が先に立つのは、実は古代の本能に支配されているからです。
古代の生活はサバイバル。闇を恐れ、餓死を恐れ、迫るケモノなどの脅威にも対処できるように、いつでも身構えています。
古代の脳はなかなかに強いのです。

ですから心配が始まっても、心配いりません。
古代の脳が目覚めて、本能が強くなっているだけです。
心配なんて気にしなければいいのです。

「成功する」と決めるのです。
「幸せになる」と決めるのです。
きっぱり決めるのです。
決めると運気をバンバン引き寄せます。

きっぱり決めたら、声に出してくださいね。

私は成功する。
私は幸せになる。
私は強運だ。

声に出したらさらに引き寄せます。

ところで、成功といっても、いろいろありますね。
たとえば
・お金持ちになる
・名声を得る
・たくさんの仲間ができる
・愛される
・才能が花開く　などなど……。

成功はとても簡単です。目指すものを間違えなければ簡単です。

決して目標にしてはいけないのは「名声」です。これは甘い蜜です。認めてもらって脚光を浴びる。そんなことは成功ではありません。人に誉めてもらうことばかりを求めると、誉められることが麻薬のようになって心を蝕み、中毒患者のようにそれなしでは生きられなくなります。

成功するときっぱり決めたら、誰にも見向きもされなくても、コツコツ努力を続けていくのが正解です。

自分に負けないで、コツコツ努力してくださいね。

自分に負けなければ、必ず成功できます。

成功して世のため人のため、世界の平和のお役に立てたら嬉しいですね。

44

願うと叶う

願うと叶います。

せっかく叶うというのに、心配が先に立って案外と願ってないものです。

深く考えずに、楽しく願ってみましょう。

徳の高い理想も良いのですが、人に読まれたら気恥ずかしくなるような内容でいいのです。荒唐無稽の、妄想じみた願いを願ってみましょう。

思いつくかぎり、メモ用紙などに書くのがいいですね。

年中ちょこちょこ書くのがオススメです。

会社の暇な会議中など、メモを取るフリをしてせっせと書いてください。

書いた紙はかばんやポケットなどに入れておいて、電車の中などで読み返してくださいね。

私が願いを書き始めたきっかけは、電車の中で見た、タワーマンションのポスターでした。都心の駅に直結していて、雨の日も傘をささずに出かけられるのです。

「ここが私のオフィスだったらいいなあ」と強く思いました。駅と直結していたら、仲間のみんなに通っていただくのにどんなに便利だろうと。

その日、私はメモ用紙に「都心の一等地にタワーマンションを購入する」と書いてみました。ひとつだけではつまらないので、ほかにもたくさん書きました。

・都心の一等地にタワーマンションを購入する

・年収10億円
・世界平和を実現する
・いくら食べても太らない
・お仲間が大成功する
・まったく老けずにどんどんキレイになる　などなど

あまりにも下らないか、反対に壮大過ぎるかで、恥ずかしくてとても人には見せられません（笑）。でも、なんだか面白くなってきて、思いつくかぎりどんどん書いていきました。

すると、不思議なことにパフォーマンスが上がって、仕事も成功していきました。タワーマンションも購入できましたし、なにより運気がどんどん上がっていくのです。

メモに願いを書く。

暇さえあれば、いつも書く。
書いてポケットに入れていつも読む。
思いついたら次々と書く。
クシャクシャと丸めて捨ててまた書く。
人には絶対に見せないこと。

書いたことが叶うというよりも、運気がぐんぐん上がっていきます。
運気を高めるために願いを書くのです。ですから、荒唐無稽な願いでもなんでもよいので、思いつくかぎりどんどん書いていきましょう。

これは実は、写経と同じ原理です。
ぐるぐる廻って宇宙に届きます。

最初はなかなか思いつかないかもしれませんが、書いているうちにどんどん思いつくようになります。
するとさらに運気が上がっていきます。

書くだけではなくて、願いを声に出して唱えるのもオススメです。
声に発すると現実となります。
言霊といって、日本の神話、古事記にも記されています。

声に出す時には、壮大なことであってもOKですが、本気で叶えたいことを、心で強く強く念じながら唱えてください。
お風呂や、運転中や、キッチンや、会社の帰り道……、一人の時にはいつでもどこでも、気軽にぶつぶつと唱えてくださいね。

声に出すときには、期限を設定すると現実化しやすいようです。
「来年の3月までに私は○○となる」「なぜだかわからないけど、私は○○となる」というふうに唱えてみてくださいね。

運気は勢いです。
勢いを付けるためには止まらないのがコツです。
休み休みだと運気は決して廻りません。
勢いさえあれば、ぐんぐんと運気は廻っていきます。

ぜひあなたもお試しあれ！

45

「はい」と答える

何か頼まれたりすると、すんなり「はい」と言えない時があります。期待に応えられないという不安からでしょうか。

アドバイスを受けた場合にも、すんなり「はい」と答えずに、ついつい「もうやっています」とか「わかっています」、「難しいです」「無理です」などと答えてしまうことがあります。

そんな時は、できてもできなくても、どんなに不安でも、とにかく「はい」と答えてくださいね。

にっこり微笑んで「はい」と答えましょう。

できなかったらできなかったで、謝ればよいことです。
でも、実はほとんどのことができること、できるからこそ言われていることなのです。

「はい」は大事です。
「はい」の威力は強力です。

私は「はい」だけでやってきました。
そして、スルスルとなんでもうまくいっています。

46

好きを仕事に！の罠

私は仕事運に恵まれています。
でも、今の仕事を始めるにあたって、唯一問題点がありました。
その仕事が好きではなかったのです。
私にとって未知の分野の仕事だったので、とても不安でした。
人は失敗を恐れて、未知の領域にはなかなか入っていかないものです。
私は好きか嫌いかもまだ分からないうちから、情緒に振り回されていたのです。

でも、そんなことでは何にもできないと思いなおし、とりあえずやってみることにしました。

そして、成功しました。

私は目の前にやってきたことは、いつでもとりあえずやってみることにしています。

おかげで運気を取り損なうことがありません。

あなたもぜひ、目の前のことをなんでもやってみてくださいね。

47

苦労は買ってでもするもの

白状します。

私は若い頃、自分のダメさが分かっていませんでした。

分からないから、うまくいかないことを環境や人のせいにしてきました。

でも、自分がダメだからうまくいかないのだと自覚したとたん、みるみる人生は変わりました。

私はなまけ者だし、不器用です。

しかも、たぶんアホなのだろうと思います。いえ、間違いなくアホなのです。

誰でも信じてしまうので、さんざん痛い目にも遭ってきました。

うまくいかなくて当然ですね（笑）。

若い時はダメな自分を認めるのが怖いのでしょうね。
今、思うと笑ってしまいます。
ダメなのを認めたところで、どうってことはないのにね。

ダメな自分を軽く自覚する。
どんより暗くなる必要はまったくありません。

ダメなんだから、やるしかないのです。
それがわかったら、みるみる人生は変わります。

ダメな私が成功しようと決めたら、それも最短コースで成功しようと決めたら、それはもう、苦労するしかありません。

苦労はお嫌ですか？

でも、呆けた生活を送っていると結局後で苦労します。

しかもその苦労は、今、自分で決めて行動する苦労よりずっと辛いし、あまり報われないことでしょう。


私は仕事で成功していますが、もちろん苦労しました。

普通の主婦でしたが、自分の不安や弱気に、頑張って頑張って頑張って負けないで、一歩を踏み出して会社を立ち上げ社長になりました。

プレゼンテーションに必要な資料を持つと約6キロになり、当時ヒョロヒョロだった私は、バッグに振り回されながら歩いていました。

タクシー代も使えないので、どこに行くにも電車に乗って、降りた駅からは、てくてく歩いて行きました。

おかげさまで、足はきれいに引き締まりましたが、門前払いなんていうこともたびたびでした。

辛いことを挙げればキリがありませんが、それでも最初の2年は寝る間も惜しんで苦労しました。

あの苦労はもうやりたくないですね。

でも、ダメなところだらけでも、そうやって苦労したら成功するのです。

それが間違いなく近道です！

輝かしい成功の影には、必ず地道な努力や苦労や工夫があるものです。

苦労は買ってでもしておくものなのです。

世界も日本も今までとは違います。

常識の通用しない、混とんとした時代に突入しています。

じわじわと衰えていく日本の常識にとらわれていたら、酷い人生を強いられるかもしれません。

でも、常識が通用しなくなったということは、チャンスだらけということです。
だからその一歩が大きいのです。
一歩踏み出したあなたは大丈夫です。

もしあなたも成功を望んでいるとしたら、まずダメな自分を自覚して、悩んだり考え込んだりしていないで、一歩を踏み出してくださいね。

48

結果はすぐには出ません

努力をしても、結果はすぐには出ません。

努力して、努力して、努力して、待たされて、努力して……。

たいていの人はあきらめてしまいます。

そこをあきらめずに進み続けると、思わぬかたちで結果が現れます。

想像もつかないような結果が現れるのです。

身の丈を超えた大きな結果が現れるのです。

これが鉄則です。

宇宙の真理です。
結果ばかり求めてしまうと失敗してしまいます。

そもそも目先の結果は、幸せにつながるとはかぎりません。オリンピックで金メダルを取っても、後年事業に失敗して一文無しになってしまう人もいます。
東京大学に合格したからといって、幸せが約束されるわけではありません。中には精神面が不安定になって、卒業すらできなくなってしまう人だっています。

逆に、高校を中退しどうしようもないと言われた男の子が、一生懸命コツコツ働いて、頭角を現して、社長になることだってあるのです。

人生は本当にわからない。

運命はいつだって微笑んでいます。
良い運におごってはいけないし、今の状況が悪いからといって嘆いてもいけません。

私はなんにも考えないように心がけています。
その方が、人間の知恵をはるかに超える結果が現れるからです。結果は考えず、あきらめないで努力し続ける。これが鉄則です。

成功に人の資質や能力など関係ないのです。
運が良ければ成功します。

えっ？
「私は運が悪いです」っておっしゃいましたか？

とんでもないです。
そんな方はいらっしゃいません。

運は、あきらめなければもれなく付いてきます。
あきらめたら付いてきません。
ただそれだけ、簡単なことなのですね。

だから、あなたは絶対に大丈夫なのです。

まずは笑顔、そして身だしなみを鏡でチェックして、一歩を踏み出してみましょう。

結果のことなんて考えずに、一歩ずつ進んでくださいませね。

49

要領よく成功する方法

「エリコさん、要領よく成功する方法を教えてください！」というご質問をいただきました。

要領よく成功するなんて、そんな虫の良い方法、あるのでしょうか？

実は、あります！

それは「協調すること」ことです。

自分には協調性がないとお考えの方もいらっしゃるかもしれませんね。

人と協調したくない、人間関係なんて煩わしいという方もいらっしゃるでしょう。

でも、あなたが要領よく成功したいならば、なんとか工夫して、協調していくしかありません。

たとえば科学者であれば、自分の研究の成果を人にうまく伝えられなければ、評価は得られず成功は遠のきます。

医師であれば、看護師の協力は不可欠ですし、患者さんが来てくれなければ経営は成り立ちません。自分の主義主張ばかり貫いていたら、どんなに技術があっても名医とは言えませんね。

では、協調するためにはどうすればよいのでしょうか？

まずは、脳の力を上手に利用しましょう。

脳の決断力はすさまじく、なんと2秒で決断してしまいます。

つまり、人の好き嫌いを瞬時に決めているというわけです。

なるほど、簡単ですね。
良い第一印象を与えればよいというわけですね。

第一印象は顔で決まります。
顔と言っても美男美女である必要はありません。

初対面は不安になるものですが、グッと我慢して不安を隠しましょう。
まずは演技でもよいから、いつもにこやかにすることです。
肩の力を抜いて、自然に微笑んで、穏やかな雰囲気が大切です。
そして、動じないどっしりした態度。これが最強の第一印象です。

しゃべり過ぎはいけません。
悪口陰口はもってのほかです。

誰かの欠点を笑いの対象にしないことも大切です。
にこやかにしてお相手の話を聞きましょう。

お相手の顔色を伺わないようにしましょう。
顔色を伺おうとしても外れます。
人は色を出しません。本心は隠します。

お相手もあなたの表情を見て、
表情から読み取ろうとします。
ですからますます顔色は伺えません。

お相手の顔色や表情を見ても意味はないのです。
顔色を伺うのをやめて、お相手の目を見て話しましょう。
人の内なる心と話すのだと意識してください。

出会う一人ひとりを大切にしましょう。

どんなに面倒な人であっても大切に、どうやったらお役に立てるのかを考えて、行動するのです。

協調することを大切にしているうちに、励まし合い助け合い成功を分かち合える、すばらしい仲間と出会えることでしょう。

要領よく成功する方法があるとすれば、それは「協調すること」です。

目の前の人を大切にできる人だけに、大きな成功は約束されるのです。

50

好き嫌いで判断しない

私は好き嫌いでは判断しません。
好き嫌いで決めると損をします。
食べ物も、場所も、そして人も。

特に人を好き嫌いで判断してはいけません。
一時の判断は危険とも言えます。

案外と、苦手な人から助けてもらえたりするものです。
嫌だなと思う人と仕事をして、成功したりするものです。

ただし、嫌われていると感じた時には、たとえ好きな人であっても近寄らないのが一番です。

無理に関係を修復しようとしたり、仲良くしようとする必要はありません。

避けられているからといって、嫌な態度を取ったり悪口陰口を言うのはＮＧです。

同じ土俵に立ってては絶対にいけません。

マナーは遵守しつつ、なるべく近寄らないのが一番です。

自分の好き嫌いで判断せず、仲良くできる人を大切にしていきましょう。

私は誰とでも仲良くすると決めています。

どうかみなさま、仲良くしてくださいね。

51

孤立は戦略的前進です

孤立することを恐れる人がいますが、それは違います。
孤立は恐れるどころか前進につながると考えるべきなのです。

孤立とは、不安定要素が取り除かれたベストな状態です。

あなたは真面目で誠実な方でしょう。
私の言葉に真摯に耳を傾けてくださっているのがその証拠です。

それに対して、あなたを孤立させるような人、陰口悪口を言う人や深く考えもせずに他人を評価するような人は内容空疎な人物です。

落ち着いて考えてみれば、そのような内容空疎な人物が身近にいないほうが物事はうまく進むのです。

こちらから袂を分かつのは、とても難しいことです。勝手に離れていってくれたなら、もっけの幸いというものです。

私も以前、取引き先の社長から無視されるということが起こりました。ある時から急に、こちらには何の変化もないのに、大人気なく挨拶すらしなくなってしまったのです。

私はラッキーだと思いました。向こうから勝手に離れてくれたのです。これぞベストな状態です。

おかげでその社長とは一切お付き合いする必要がなくなり、わずらわされることもなく、私の会社は順調に成長することができました。
仲良くしていたら、こんな成長はのぞめなかったかもしれません。

孤立は戦略的前進です。
内容空疎な人と付き合うわずらわしさからの解放です。

心配せずとも、まっすぐに進んでいけば、あなたにふさわしい良き友人と巡り会うことができるでしょう。

52

妬まれたら喜びましょう

妬《ねた》まれるとウンザリしますよね。
妬まれると、熱く溶けたカラメルがべったりと心に塗られて、どうしても拭えないような、なんともイヤな感じがするものです。

あなたが頭角を現すと同時に、妬みが発生します。

妬んでいる側は、わざと無視したり、まわりに分からない程度のイジワルを仕掛けてきたりします。心をチクチクと刺してきます。
自分が妬んでいると気付いていない人もいて、そんな時は特にタチが悪いですね。

しかし、所詮、格下です。

あなたのほうがはるかに強運です。
あなたに災いすることは、一切できません。
あなたの運命に、ひとつの影も落とせません。

ひとつ言えることは、「出る杭は打たれる」ということ。
妬まれるのは、あなたが表舞台に出てきた証拠です。
妬まれるぐらいになってくると大したものです。

にこやかに、毅然と振る舞ってくださいね。
あなたに災いすることなど、誰もできないのですから。

53

キラキラは伝染します

キラキラ輝く方に出会いました。
すばらしいご経歴をお持ちの方ですが、威張ったりなさいません。
いつも笑顔で、分け隔てのない方です。

いつもキラキラしているので、お会いすると私もキラキラしてきます。
私だけではなくて、みんなキラキラしてきます。
みんなにキラキラが伝染するのです。

だからこそ成功し、きらびやかな世界でご活躍できるのだなあと感心してしまいます。

それからは私も、みんなにキラキラを伝染させています。

さて、キラキラは伝染してキラキラしますが、実はモヤモヤも伝染するので要注意です。

いつもどんより暗くてモヤモヤしている人は、そのうちすべてを暗く伝染させて、モヤモヤ世界で生きなければならなくなります。

絶対にキラキラがいいですね。
あなたにもキラキラ、伝染させたいです。
あなたもキラキラしますように、お祈りします。
どうぞキラキラ、お受け取りくださいませね。

54

エリコ流リーダー論

リーダーシップを発揮して、多くの人から慕われるリーダー。
誰もが憧れる存在ですね。

でも、簡単にはなれません。
簡単になってはいけないのです。

まずは失敗も含め様々な経験を、みずから積まなくてはなりません。
そして、どんな状況にも臨機応変に対応し、仲間たちの先頭に立てるようになった人が、リーダーとなれるのです。

人生は山あり谷ありいばらあり、険しい道のりです。なるべく無駄ないばらに突っ込んで行かないように、仲間たちの先頭に立って、地道に一歩ずつ進んでいくのも大切な選択です。そして、ここぞというタイミングを見計らって走る時は走る。

そして、リーダーになるのなら、なぐさめられるのではなくなぐさめる側にならないといけません。

常にまわりの人たちを励ます側でいなければなりません。たとえ自分が落ち込んでいたとしても、それは決して見せずに、いつも毅然と振る舞います。さながら、武士道です。

とにかくリーダーというのはなかなかに大変なのです。

もちろん、リーダーとなっても、もろくも崩れてしまうこともあります。

最悪なのはリーダーの立場を利用してしまうことです。親しい人に便宜を図ったり、威張って怒鳴ったり……。

リーダーの雰囲気が好きで、リーダーでもないのにリーダー風を吹かせる人もいますね。

これはもう本当にまわりもウンザリしてしまいますが、ご本人はリーダー風を吹かせるだけで満足なのですから、嫌がられても幸せなのかもしれません。

リーダーを目指すのはすばらしいことです。

まずは下積みからスタートですね。とにかく多くのことが学べます。

リーダーとは責任を持つ人、決定する人です。

自信がなくてもいいのです。

自信がつくのを待っていたら、人生が終わってしまいます（笑）。

いさぎよく、旗をかかげて前に立つ。
自信なんてなくていいから、揺るぎない笑顔を見せていくのがリーダーの役割です。

エリコ流リーダー論、いかがですか？
あなたもリーダーを目指しませんか？
あなたはそれができる、選ばれた人です。

55

行動で語る

言葉で理解してもらうのは案外難しいことです。
行動で語るのです。
行動ほど人の心をとらえるものはありません。
言葉は時に相手を疲れさせてしまいます。
言葉は自己中心になりがちなのです。

行動は雄弁です。
見ていないようで伝わるのが行動です。
どんどん行動していきましょう。

56

成功は素敵な未来のために

度重なる災難や不景気、先行きへの不安から、訳の分からないデマが横行し続けています。くれぐれもデマなどに振り回されないようにしてくださいね。

そういったものに振り回されて、騒いだり怯えたりすると正しい対処ができなくなってしまいます。

深呼吸して鏡でお顔を見て「あなたは何があっても大丈夫」と呟いてください。

とにかく大丈夫です。

暗いニュース、不安をあおるニュースばかりを見て、多くの人が落ち込んでいます。不安が世の中を支配し始めていますね。

もちろん私は、不安に負けたりはしません。
ここで負けなければ、大きく飛躍できます。

自分の中の弱さに勝つチャンスです。
負けないようにしっかりしましょう。

こんな大変な時こそ、成功してお金持ちになって、社会に貢献できたら最高ですね。自分たちでできることを探して、なるべくお役に立ちたいです。
悩んでいないで行動あるのみです。

日々働いてくださっている皆さま、辛い思いをしている皆さまを思いましょう。

もしも、あなたが家もあり、お元気にされているならば、チャンスを浴びに外に出てくださいね。
そして、笑顔でがんばってください。

繰り返される悲しいニュースに胸が潰れそうな思いです。
でも、私たちがすべきことは泣いていることでは決してありません。

みんなのお役に立ちたいのです。
日本のために、世界平和のために、今の仕事を全身全霊でがんばります。
私にできることは今の仕事しかないからです。

素敵な未来のために、あなたもご一緒にがんばりませんか？
日本を一緒に元気にしていきましょう。
絶対に楽しいですよ！

Lesson 5

神さまとともに生きる幸せ

57

日本を愛し、感謝します

日本を愛します。

これは基本です。
自分の国を愛することは、大切なことです。
基本を忘れてはならないのです。

日本の政治や文化が、気に入らないという方もいらっしゃるでしょう。
でも、それと日本を愛する気持ちとは違います。

吹く風や
大地や
日の光
子供たちの笑い声

秩序ある街並み
電信柱の長い影
穏やかな老夫婦の後ろ姿

小さくとも心を打つ原風景です。

世界には様々な人がいます。
戦争の最中で、常に死の恐怖と隣り合わせの人。
今、この瞬間も子供を連れて、立ちすくんでいる人もいるでしょう。

飢えていたり、寒さに震えていたり、着るものもなくボロをまとっている人もいるでしょう。

私は日本で、飢えることもなく生きていられます。
飢えるどころか、過食している始末です。
襲われることもなく、清潔な空間で暮らし、寒さや暑さからもエアコンで守られています。

せめて一生懸命働いて、感謝の意を表さなければいけないと思います。
不平不満を並べるなんて恥ずかしいですね。

日本を愛し、感謝して生きれば、もっともっと幸せになります。

58

日いずる国の民

朝日に向かって立つとまぶしいですね。
ぜひ、立って、その光を一身に浴びてみてください。
生まれたての太陽は濃いオレンジ色ですが、しだいに強い黄金の光を放ちはじめます。
息がつまるほどの美しさです。
思わず手を合わせてしまいます。
感謝の念が、ふつふつと湧いてきます。
太陽は万物を生かす源です。

すべては太陽によって生かされています。
月の輝きも太陽によるものですね。

日本は太陽信仰の国です。
東の果ての果て、日いずる国の民が私たちです。

太陽神、天照大神《あまてらすおおみかみ》は偉大です。

今日も太陽は昇り、すべての人に分け隔てなく御光を降りそそぎます。
すべての繁栄は太陽神がもたらす恵みです。
万物が平等に愛され、守られています。

私も、もちろんあなたも！

59

水の神さま

古い古い太古からいらっしゃる神さま。
お釈迦さまやイエスさまより、もっとずっと古いのです。

それは水の神さま。
龍神さまです。

激しい雨の日は、龍神さまが大空を飛び回っていらっしゃいます。
近くの神社やお寺にいらしてくださいね。
恵みがたくさんいただけます。

暗い雨の日は、体の中の気圧配置も変わるので、ダルくなったり憂鬱になったりする方も多いですね。


でも、雨は天からの恵みなのです。多くの命を育みます。

日本は資源がないと言われていますが、恵みの雨に育まれてきました。

人は水がなければ生きていけませんが、世界には水が簡単に手に入らない国がたくさんあります。


そうなると、雨が愛おしくなってきませんか？

雨音に耳を澄ましてみましょう。

雨の癒しと恵みに気付きます。


神さま、雨をありがとうございます。

60

もっと知りたい日本のすばらしさ

遠い昔、横浜に黒船がやってきました。

当時は田舎の村でした。

ペリーはそこで『日本遠征記』を記しています。彼の江戸時代の日本人考察が思わず嬉しくなるような内容なのでご紹介しますね。

ペリーは優れた日本人に驚き、またそのポテンシャルの高さを脅威にも感じました。

鎖国していて情報など入ってこないはずなのに、鉄道や電信などの世界の出来事を実によく知っていたそうです。

そして、幕府のサムライだけでなく、普通のサムライや村の庶民もみんな好奇心旺盛で、積極的にペリーたちに話しかけ、交流してきたそうです。
むやみに恐れたりしないのです。

手先がとても器用で巧みなことにも驚きました。
「日本がこの先世界に進出していけば、必ずやヨーロッパ諸国やわが国にとって強力なライバルとなるだろう」とペリーは記しています。
そのとおりになりましたね。

また、「若い女性は姿よく美しく立ち振る舞いは大変活発で、自発的である。周りから高い尊敬を受け、品位の自覚がある証拠である」としています。

開国後に来日した学者たちは、サムライたちが教えてもいない高等数学をすらすらと解き、英会話もみるみるうちに習得していくので、相当に驚いたそうです。


いかがですか？

すごいでしょう？


時代をさかのぼると、織田信長の時代に来日した宣教師たちも、当時のヨーロッパ人以上に日本人が進んでいて、とても驚いたそうです。

なんだか嬉しいですね。


明治になると、日本のある風景が世界の新聞に発信され、多くの人に衝撃を与えました。

それは、当時の交通手段である人力車が客を待ちズラリと並び、そこに座る車夫たちが新聞を読んでいる様子を写した一枚でした。

私は正直、何がそんなにすごいのかピンと来ませんでした。

世界の人たちが驚愕したのは、車夫たちが字を読んでいるということです。当時のヨーロッパやアメリカでは、字が読めるのはある程度の階級以上の人だけでした。肉体労働に従事する車夫たちがずらりと並んで新聞を読むなどというのは、彼らには考えられないことだったのです。

東の果ての未開の国、日本に住まう人々は、すべての国民が教育を受けて字を読むことができました。

それは、世界の想像をはるかに超えることだったのです！

日本のすばらしさ、もっと知っていかねばなりませんね。

そして、日本人として生まれた大切なあなた。

あなたのお幸せな笑顔が日本の弥栄、世界の平和につながっていきます。

61

日本の弥栄、世界の平和を祈る

靖國神社にお参りしましょう。

様々なお考えがあるかもしれませんが、私は仲間とともに靖国神社に正式参拝し、日本の弥栄、世界の平和を祈り続けています。

靖國神社には、ヒメユリの塔の女子師範学校の少女たちがお祀りされています。

対馬丸に乗船した学童疎開の児童たちが、撃沈されて、戦争の犠牲となりましたが、やはり、靖國神社にお祀りされています。

戦争で亡くなられた兵隊さんたちも、中には10代の若者もたくさん、たくさん英霊としてお祀りされています。

国を思い、故郷を離れて、お母さんや恋人や子供たち、そして、未来の日本を守るために命を投げ出してくださった多くの方々が、命様《みことさま》、神様としてお祀りされているのです。

日本という国は世界中の国々を相手に、たった一国で戦いました。

都市はことごとく焼けました。
多くの国民が戦争の犠牲となりました。
資源などありません。
食糧も尽きました。
それでもたった一国で、世界中の国々を相手に戦ったのです。
戦争は賛美されるべきものではありません。

弱い者が死ぬのが戦争です。
どんな大義があろうが避けなければなりません。
私たち日本人は、戦争の悲惨さを知っています。
平和が一番大切だと知っています。

けれど、平和はいつだって危ういのです。
崩れやすいのです。
だからこそ、靖國神社にお参りするのです。

はたして靖国神社にお祀りされている命様方は、戦いたくて戦ったのでしょうか？

違います。
断じて違います。
誰が戦いたくて戦うものですか。

命様方の願いは世界の平和なのです。


平和を願いながら亡くなられた方々の平安を、そして日本の弥栄、世界の平和を祈るのです。

平和は当たり前のことではなく、まだ実現していないことです。

人類の大きな大きな課題です。


靖國神社の奥の奥には、世界中の英霊が祀られたお社《やしろ》が、高い柵の中にひっそりとあります。

知る人が少ないお社で、鎮霊社《ちんれいしゃ》といいます。

日本国内にとどまらず世界中の英霊をお祀りしています。

世界中、誰だって戦いたくて戦っているわけではないのです。

やはり願いは世界の平和なのです。

平和を意識し、守っていくためにも、どうかあなたも靖国神社にいらしてください。

そして、平和のために祈ってください。

靖國神社の尊いエネルギーを、どうぞ体感してくださいね。

62

太陽の育みし自然を敬う

日本で、世界各地で、次々に天災が起こっています。
甚大な被害が広がっています。
自然は恐ろしいです。

生きるものすべては、自然に生かしていただいているのです。
太陽と水、そしてその恵みによって生み出された生物。
私たち人間も、その連鎖のシステムの中の一員として生きています。

自然を侵したら、侵したものに返ってきます。

ゴミのポイ捨てや置きっぱなし、小さなことでも自然を侵す行為です。
お腹も空かないのに、己の楽しみのためだけに、他の命を奪い食べ続ける私たち人間は、常に自然を侵し、連鎖のシステムに背いて生きています。

地震、津波、竜巻。
失われていく命。
悲しくてたまりません。
天界に導かれますようにお祈りいたします。

ご一緒に、小さなこと、できることから自然を敬っていきましょう。

63

令和の御代の歩き方

平成の御代が終わり、令和の御代となりました。

「平成」はすべていったん平らに成ってしまう御代でした。

すべて平らになって、次の時代（御代）の扉が開かれ、新たなる次元への成長が始まったのです。


私は次の次元を思いきり楽しんでいます。

あなたはいかがですか？


ここで、私が受け取っているメッセージをお知らせしたいと思います。

まずお伝えしなければならない一番大切なこと。

それは、あなたは大丈夫だということです。

絶対に大丈夫だということです。


学びを素直に受け容れて、日々を大切に生きてください。

では、どのように生きれば、日々を大切にできるのかと思案する時、ありがたいことに様々なご意見をいただきます。


「ダウンコートや羽毛布団は絶対に買わないでください」というご意見をいただきます。

羽毛布団やダウンコートに使う羽毛は、生きたままのグースが4回も毛をむしられるというのです。痛みでキーキーと泣き叫ぶのだそうです。

安いダウンや羽毛布団が出回るということは、結局何かが犠牲になるのだと重苦しく感じます。

「ウールは使わないでください」というご意見もいただきます。

羊は毛を刈った後、なんと残忍なことに、蝿蛆症《はえうじ》を防ぐために麻酔も使わずにお尻の肉を削ぎ落とすのだそうです。

セーターを手にするたびに、羊の悲鳴が聞こえるような気持ちになります。

「皮製品は使わないでください」というご意見をいただきます。

靴やバッグや財布やジャケットなどの本皮製品は、死んだ状態だと筋肉が硬直してしまうため「生きたまま」動物から皮を剥ぎ取って作られるのだそうです。

革靴やバッグを見るのも恐ろしくなりました。

「毛皮着ないでください」というご意見をいただきます。

動物達は毒ガスで殺されているそうなのです。

毛皮を羽織るたび手を合わせています。

「コットンを使用しないでください」というご意見をいただきます。

コットンは大量に農薬が使われているのが現実で、安い労働者として子供たちが働かされているのが現状なのです。

子供たちを思うと、たまらない気持ちになります。

「安いカフェなどのコーヒーは飲まないでください」というご意見をいただきます。

コーヒーやチョコレートやトウモロコシの農場には、悪辣《あくらつ》な環境の中で働かされている犠牲者が大勢いるそうです。

「肉は食べないでベジタリアンになってください」というご意見をいただきます。

牛や豚、鶏の屠殺《とさつ》の方法の残酷さを教えていただきました。

あまりにも恐ろしくて、肉も見るのも嫌になりました。

「海老を食べないでください」というご意見をいただきます。安価な海老の養殖のために、多くの人々（ミャンマー人が多いそうです）が奴隷として売られ、まともな食事も与えられることなく働かされているそうです。

海老が大好物の私は、暗澹《あんたん》たる思いです。

まだまだあります。

かぎりなくあります。

一日も早く状況が改善されますようにと、祈らずにはいられません。改善のためにできることがあるならば、行動したいと思います。

でも、麻を身にまとい藁草履をはいて玄米と野菜を食べることが、それらの改善につながるのでしょうか。

果たしてそれが、私たちが目指す平和な生き方なのでしょうか。

何をどうしても、人間が生きているかぎり、大きな犠牲がはらわれていくものです。人間が生きていくのは罪深いことなのです。

だからこそ、すべてに感謝して、すべてに祈り、すべてを大切に。

どんな時も常に、衣食住、目の前にあるもののすべてに感謝して、すべてに祈り、すべてを大切に、決して無駄にすることなく使わせていただきます。

神さま、人間がより良い方向に進んでいけますように、どうかお導きください。

そして、日々の私たちをお許しください。

私たちも許し合いながら、前進してまいりましょう。
辛い現実に、ネガティブに立ち止まってしまうことなく、一歩を踏み出し続けましょう。

もう一度お伝えします。
あなたは大丈夫です。
絶対に大丈夫です。

64

許してゆだねる

人は時に罪を犯します。

誰が見ていなくても、神さまだけは見ています。

でも、それは罰するためではありません。


どんな罪を犯しても、神さまは許します。


その懐の大きさに身をゆだねて、安心して運命を任せて、一歩一歩、誠実に生きていきましょう。

そして、人も人を許さなければなりません。

「罪を憎んで人を憎まず」です。

65

祈りは神さまの永遠の力

祈りは大切です。

私たちの祈りは天界の力となり、永遠をもたらします。

ちょっとヤンチャな少年少女も、神社などでは神妙な面持ちで手を合わせていますね。

共産圏の国などが長年に渡って寺院や教会を徹底的に破壊しても、祈りは不死鳥のごとく復活します。

私たち人間は、生まれながらにして祈りのＤＮＡが植えつけられているのかもしれません。

祈りを捧げるとき、私たちは自然と手を合わせますね。

困ったときや悲しいとき、心が落ち着かないとき、そっと手を合わせるだけで大きな力が生み出されます。


自分の中には、高貴な御霊と日常の自分が共存しています。

高貴な御霊《みたま》は体の深い部分で宇宙とつながっています。そして、ひっそりと私たちを見守っています。

日常の自分に振り回されていると、その存在に気づくことができないのですが、静かな気持ちで手を合わせると、高貴な御霊と日常の自分が一体化するのです。

すると、たちまち結界され、悪い気は消え去ります。

このことを理解して手を合わせれば、すばらしい秘法となります。

あなたも意識して、手を合わせてみてくださいね。

人間の祈りは、天界の神さまの永遠の力となります。
そして、神さまは永遠の力を、私たちの幸せのために使ってくださいます。

そのことを意識して、神社やお寺に行きましょうね。
手を合わせて心からの感謝を捧げ、日本の弥栄と世界の平和を祈りましょう。

それだけで神さまはあなたを守ってくださいます。
追いかけてでも、守ってくださいます。

66

あなたの中の神さま

あなたの中には神さまがいます。

あなたは気づいていないかもしれないけれど、あなたの奥深くで、眠っています。扉をかたく閉ざしてぐっすりと眠っています。

目覚めていただければ、強い力を発揮して、たいていのことはうまくいくようになります。

目覚めていただくのに効果的なのは、瞑想や坐禅です。

といっても決して難しいことではなくて、静かな時間、感謝の時間を持つだけでよいのです。

一人ひとりの中に仏さまがいらっしゃる。
あなたの中に神さまがいらっしゃる。

そのことを、どうぞ思い出してください。

心の中でそっと呼びかけながら、胸に手をあててみてください。
ふんわりと温かな気配があなたを包むことでしょう。

あなたの中に神さまはいらして、いつも見守ってくださいます。
そして、どんな問題にも答えをくださいます。
依存させるような偽物の占いを気にしたり、神のごとく振る舞う輩《やから》にひと時でも頼らないようにしましょう。

「自分の道は自分で切り開ける」というのが本当の宇宙の真理です。

小さな日々の恵みに喜びを見出し、心から感謝しましょう。
手を合わせて祈りを捧げましょう。
目の前の人のお幸せのために行動しましょう。

目覚めた神さまはあなたを愛し、さらなる恵みを運んでくださいます。

あなたは大丈夫、絶対に大丈夫。
神さまに愛されるあなたのお幸せな日々は、もうはじまっています。

おわりに

よく「エリコさんは、幸せに生きる方法や成功する秘訣を、どこでどのようにして学んだのですか？」と質問されます。

学んだことはありません。

信じられないかもしれませんが、答えが降りてくるのです。

私は毎日のようにたくさんの方とお会いしています。

お仕事のことからプライベートのことまで、様々なお悩みを相談されることが多いのですが、考えて答えることはなくて、言葉がどんどん湧いてくるのです。

そして不思議なことに、私のお答えしたその通りになっていきます。
お悩みがスルスルと解決してしまいます。
とても不思議なのですが、本当のことです。

もしも秘訣があるとすれば、お話しするときにも何かを書くときにも、「あなたがお幸せでありますように」と祈りながら言葉を紡いでいるということでしょうか。

この本も「あなたがお幸せでありますように」という祈りをこめて書き上げました。
強く強く祈りましたから、間違いなくその通りになります。
あなたがどんどんお幸せになっていくのが、今から楽しみでなりません。

そうそう、よろしかったら、私に会いにいらしてください。

美味しいお茶をご一緒しましょう。
私は人のお悩みを解決したり、隠れた力や魅力を引き出すことがとても得意です。美しく若返る秘訣や、輝くあなたの魅力をお伝えする機会をつくっていきますから、どうぞいらしてくださいね。

それでは、ごきげんよう。

今日もあなたがお幸せでありますように。
あなたが愛されますように。
そして、その笑顔が日本の弥栄、世界の平和へと繋がっていきますように。

令和5年6月吉日
片山エリコ

片山エリコ

Eriko Katayama

特定非営利活動法人サクラF 奉仕団理事長
株式会社リリベット代表取締役社長
有限会社エリコエフカンパニー代表取締役社長

経営者として大成功するかたわら、皇居勤労奉仕、大規模なチャリティパーティー、地域振興活動などのボランティア活動を多岐にわたって行う。数千人規模の組織を構築し、船井幸雄、櫻井よしこ、本田健など多数の著名人のホール講演会を主催する。

自身も「健康に美しく生きる」「美しく若返る」といったテーマの講演会を全国各地にて年間約１５０回開催。また、月刊ザ・フナイに人気コラムを連載するなど、執筆活動も精力的に行う。

「笑顔に力のある人、エリコさんに会うと元気が出る。だから多くの人を励ますようになる」との船井幸雄氏の予言の通り、日本中の多くの人に愛と元気を送り続けている。

片山エリコ流

美しく強運で
幸せな生き方

この星の 未来を創る 一冊を

きれい・ねっと

2023年7月7日　初版発行

著　　者　片山エリコ
発 行 人　山内尚子
発　　行　株式会社 きれい・ねっと
〒670-0904　兵庫県姫路市塩町91
TEL：079-285-2215 / FAX：079-222-3866
https://kilei.net

発 売 元　株式会社 星雲社（共同出版社・流通責任出版社）
〒112-0005　東京都文京区水道1-3-30
TEL：03-3868-3275 / FAX：03-3868-6588

デザイン　eastgraphy

ISBN978-4-434-32410-9